LOS VALORES INFINITOS DE CONOCER A DIOS

SINOPSIS INTRODUCTORIA

El factor distintivo único y definitivo que abarca las especies de vida, en el orden del sentido de superioridad, es el desarrollo cognitivo. Todas las especies de vida, incluidas las plantas, exhiben algún nivel de cognición y habilidades mentales, lo que se convierte en un determinante importante del comportamiento. El comportamiento de cualquier especie de vida revela a lo que esa especie está sometida o lo que comanda, demostrando su superioridad.

La cognición se refiere a los procesos involucrados en la percepción a través de los sentidos y la capacidad de juzgar, lo que lleva a obtener entendimiento y conocimiento que influye en el comportamiento.

Está científicamente comprobado que, aunque las plantas no tienen cerebro, poseen algún nivel de habilidad cognitiva y exhiben inteligencia, observable a través de sus respuestas a los hábitats naturales. Los animales de menor complejidad, que en algunas escuelas de pensamiento no se consideran conscientes, sino que responden a instintos y acciones reflexivas, por discutible que sea esta afirmación, poseen un cerebro y tienen un sentido de cognición más desarrollado, lo que los sitúa por encima de las plantas. Los seres humanos operan en conciencia y cuentan con un marco mental bien desarrollado, y son también superiores a los animales inferiores debido a su creación.

Dios es todo lo imaginable, el único ser autoexistente y autosuficiente, que no es falible ni carente de nada. Él es la plenitud de la cognición y el cuerpo de conocimiento: el padre de toda luz, y, por lo tanto, es superior en todos los sentidos al ser humano. Dios es omnisciente; todo lo sabe (1 Juan 3:20, Isaías 46:10, Salmo 139:4). Dios vive en la eternidad y comprende todo; por lo tanto, Él sabe todo lo que hay que saber. Los seres humanos, por otro lado, solo saben lo que Dios les revela. Por ejemplo, en los últimos años se ha descubierto y comprobado científicamente que la mente humana emite energía neuroeléctrica durante el proceso de pensamiento, lo que crea un campo de energía alrededor de la persona, capaz de atraer hacia ella lo que tiene en mente. El mensaje y, por ende, las directrices de los autores del libro "El secreto", indican que las personas deben ser positivas y pensar en posibilidades. Pero antes de este descubrimiento, Dios ya había instruido a los hombres, hace varios miles de años, a través de revelaciones en las que se afirma que, como un hombre piensa en su corazón, así es él (Proverbios 23:7).

La verdad, cuando se trata de superioridad, es que el factor distintivo que abarca las especies de vida, desde las plantas hasta los animales inferiores, los humanos y Dios, es la habilidad cognitiva y el conocimiento. De igual manera, al enfocarnos en la especie humana, lo que hace que uno sea superior a otro es la complejidad del conocimiento en contraposición a la ignorancia. En esta vida, es fundamental entender que lo que sabes y a quién conoces representa una ventaja significativa para el impacto que puedes tener.

La declaración crítica y enfática es que lo que sabes y a quién conoces son esenciales, pues tu conocimiento y exposición a ciertas áreas de la vida pueden influir de manera adversa en ti. La persona más importante a conocer es Dios y la cosa más importante a saber sobre la vida es Dios y lo que Él te revela. La razón principal de esto es que Dios es el ser más superior, el dueño de todas las cosas. Él es el dueño de la vida y quien sustenta todo: *"todas las cosas fueron creadas por Él y para Él, y para Su placer fueron diseñadas"* (Apocalipsis 4:11). Por lo tanto, para alcanzar eficiencia y efectividad en la vida, un hombre no puede ignorar a Dios, ni puede subestimar Su importancia.

El hombre es un ser tripartito: un espíritu, con un alma y viviendo en un cuerpo (lo material y lo terrenal). Además, el hombre es eterno por creación: exististe antes de convertirte en un coágulo de sangre y continuarás viviendo en la eternidad. Tu existencia terrenal es un período temporal y de transición en el que estás limitado por esta chaqueta corruptible de arcilla para interactuar con lo material. Es una oportunidad que se te otorga para determinar cómo se configurará tu eternidad futura. La eficiencia y efectividad en la vida no se centran tanto en la existencia terrenal temporal, sino en cómo se verá la eternidad.

No puedes vivir una vida que tenga un peso significativo en los reinos celestiales, que influencie y modele la eternidad, a menos que camines con Dios y sigas Su dirección, lo cual depende de conocerlo personalmente y construir una relación con Él. Por lo tanto, el mejor conocimiento que un hombre debe adquirir es el conocimiento de Dios y Su voluntad para la humanidad.

La serie "Conociendo a Dios" resalta ciertas verdades importantes que te expondrán a los aspectos más relevantes de la vida. Consiste en cuatro volúmenes que abordan las siguientes áreas temáticas relacionadas con el conocimiento sobre Dios:

1. Comprender los beneficios y los valores infinitos que un hombre obtiene al conocer a Dios y construir una relación con Él.
2. Comprender el peligroso problema de la ignorancia y cómo enfrentarlo.
3. Una revelación de los atributos divinos de Dios y el efecto relevante que tiene el desarrollo de la mentalidad correcta para la eficiencia en la vida y el éxito.
4. A pesar de que Dios se revela, lo que debes hacer para condicionarte y posicionarte para experiencias reveladoras y
5. encuentros divinos con Él, que te llevarán a conocerlo.

A medida que avancemos cuidadosa y fervientemente a través de las páginas de estos volúmenes, espera un cambio significativo en tu forma de pensar, que te impulse en una dirección no solo para dominar los reinos de la tierra, sino también para establecer tu relevancia en lo celestial y eterno. Espero que Dios sea misericordioso contigo y produzca efectos tan grandes en ti que te lleven a los valores alcanzables a continuación:

1. Entender lo que significa conocer a Dios por ti mismo a través de experiencias reveladoras.
2. Conocer la utilidad y relevancia de conocer a Dios y cómo relacionarte con ello.
3. Iniciar una experiencia y un viaje de por vida para conocer a Dios personalmente.
4. Desarrollar una búsqueda y un deseo de dar a conocer a Dios a otros.

LOS VALORES INFINITOS DE CONOCER A DIOS

SERIE "CONOCIENDO A DIOS"

REV. PETER B BORKETEY

Dedico este libro a la memoria de mi difunta madre, Madam Grace Afoley Anum, por el corazón bondadoso que tuvo hacia la humanidad y por los numerosos servicios sacrificiales que prestó durante su existencia mortal. Mucho de lo que soy en mi interior creo que lo heredé de esa naturaleza que está incorporada en mis genes. Que tu alma descanse pacíficamente en el seno del Señor.

También dedico esta obra al Anciano Joseph Agumadu, de Christian Fellowship World Outreach, con sede en Dallas, TX. Eres un regalo para el cuerpo de Cristo y tu dedicación desinteresada a la causa del Evangelio y del reino es muy apreciada.

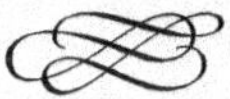

En este libro, "Los valores infinitos de conocer a Dios", el Rev. Peter Borketey, pastor principal de Journey of Faith Missions, combina sus años de experiencia en el Ministerio Cristiano, comenzando desde su juventud como líder del Movimiento Cristiano Triunfante, que se enfoca en desarrollar el potencial de liderazgo de la juventud, con las habilidades que adquirió como científico en la Universidad de Ciencia y Tecnología Kwame Nkrumah (KNUST) en Kumasi, Ghana. Utiliza estas experiencias para desarrollar un enfoque realista y, sin embargo, una visión espiritual muy profunda que ayuda al lector a adquirir esa ardiente pasión por crecer en el conocimiento de Dios y amarle.En este libro, Peter explica por qué los beneficios que un hombre obtiene al conocer a Dios son ilimitados e infinitos en valor. Comprenderás que no hay nada mejor en esta vida que conocer a Dios y desarrollar una relación con Él.A continuación, se destacan algunos beneficios críticamente importantes e invaluables que se pueden obtener al conocer a Dios, los cuales creo que te motivarán a atreverte a conocerle más y mejor.

Personalmente, recomiendo este libro a cualquiera que anhele las cosas de Dios y tenga un profundo deseo de conocerle de manera personal. Como el Apóstol Pablo dijo sobre Timoteo, lo que has aprendido de tu madre, mi hermana, y de mí, tu padre espiritual, lo has desvelado en este libro a esta generación y a las generaciones aún no nacidas.

Dios te bendiga. Más gracia, y sigue escribiendo.

Rev. Dr. Isaac Quaye,
Superintendente General y Obispo del Centro Cristiano Palabra de Vida, Global.

PREFACIO

CARGA, MOTIVACIÓN E INSPIRACIÓN PARA ESCRIBIR

Mis encuentros personales con Dios hace un poco más de 30 años me transformaron por completo. Esto me otorgó una firme convicción de que conocer a Dios es una experiencia reveladora definitiva que fomenta un cambio radical, creando un ser con una sincera semejanza a Cristo Jesús. A lo largo de los años, mis interacciones diarias con las personas siempre me han dado razones para preocuparme, ya que observamos un mundo plagado de autoindulgencia y con escaso espacio para Dios en sus corazones y vidas. Este estado del corazón del hombre, vacío de Dios, es el problema fundamental que enfrenta el mundo entero. Encuentro múltiples grupos y categorías de personas, todos los cuales generan preocupaciones:

- Un grupo de personas que no se preocupan por Dios
  y que, distantes de Él, tienen sus conciencias

cauterizadas con un hierro caliente, sin respeto ni hacia Dios ni hacia la humanidad. Para estas personas, todo lo que les importa es el dinero, bajo el control de mamón; están dispuestas a hacer cualquier cosa por ello.

- Otro grupo busca a Dios, pero su inclinación hacia sí mismos, alimentada por la búsqueda de dinero, poder y fama, ha creado personalidades que no son accesibles a Dios y que no son canales para el bien ni para el desarrollo comunitario.

Mi carga es que el estado del corazón del hombre, oscurecido por la avaricia y deseos egoístas, así como por impulsos hacia comportamientos insalubres y múltiples situaciones desafortunadas en nuestro mundo, son todas atribuibles al hecho de que no conocemos a Dios. Con autoridad, rastreo todos los problemas que afectan a este mundo al error de la indulgencia del hombre hacia sí mismo y la ansia por dinero, poder y fama. El mundo sería un lugar mejor: el hermano sería un hermano, la familia estaría unida y las naciones vivirían en paz si, de manera individual y colectiva, llegáramos a conocer a Dios, comprendiéramos Sus caminos y viviéramos para Él, para Sus propósitos y buscando Su gloria.

DECLARACIÓN DE PROPÓSITO

La serie "Conociendo a Dios" está destinada a iluminar a las personas sobre el verdadero y único Dios, el creador y sustentador de la vida, y a redirigir los caminos de sus lectores hacia una búsqueda genuina para conocer a este Dios por sí mismos y esforzarse en construir una relación con Él. Esta agenda, para mí, es la solución que el mundo está buscando. Sin embargo, al observarlo detenidamente, los numerosos problemas de este mundo son el resultado de los excesos de nuestras debilidades humanas, que se deben a que no conocemos a Dios.

Mi esperanza y oración es que al pasar las páginas de este libro, puedas captar el espíritu: desarrollar un fuerte deseo de esforzarte por conocer a Dios por ti mismo, tener múltiples encuentros con Él y convertirte en esa luz de vela en ese rincón que sirva como un faro de esperanza para este mundo malvado, frágil, fracturado y oscuro, que se encuentra en autodestrucción debido a las debilidades humanas.

AGRADECIMIENTOS

No sé cómo expresar mi gratitud a Dios todopoderoso por la inspiración para esforzarme en trabajar en este proyecto, la fe para atreverme y la gracia para terminar. A mi padre en el Señor, Rev. Dr. Isaac Quaye, le doy gracias por todo lo que ha sido en mi vida. No solo me animó a publicar, sino que también se tomó el tiempo para leer el manuscrito. A mi hija Helena Korkor Adiamah, por tomarse el tiempo para revisar el guion y generar el resumen de la mayoría de los capítulos, invoco bendiciones. A la señora Ruby Naa Momo Williams, usted fue muy instrumental en la etapa final de este proyecto. Aprecio profundamente sus contribuciones. Tengo una lista interminable de nombres que me gustaría mencionar, incluyendo a mi hermano mayor, Rev. Gabriel Nii-Bortey, y su esposa, la señora Felicity Nii-Bortey, solo por mencionar algunos, por su motivación y ánimo en este camino.

Sinceramente, quiero agradecer a todos los miembros de Journey of Faith Missions y a todas las demás personas que han depositado su confianza en mí al darme la oportunidad de servir. El camino en Journey of Faith y el servicio sacrificial desinteresado han profundizado realmente mi amor por Dios y han ampliado mi horizonte. Estoy en deuda con todos ustedes y les envío mi más profundo amor y gratitud. Que la gracia abunde para todos nosotros.

ESCRITURAS FUNDAMENTALES

Sí, todo lo demás no tiene valor comparado con el infinito valor de conocer a Cristo Jesús, mi Señor. Por su causa, he descartado todo lo demás, considerándolo todo basura, para poder ganar a Cristo (Filipenses 3:8)

Así dice el SEÑOR: "Que no se jacte el sabio de su sabiduría, ni el fuerte de su fuerza, ni el rico de sus riquezas; más bien, si alguien quiere jactarse, que se jacte de esto: de que me entiende y me conoce, que yo soy el SEÑOR, que actúo con misericordia, justicia y rectitud en la tierra, porque en esto me deleito", declara el SEÑOR (Jeremías 9:23).

ÍNDICE

INTRODUCCIÓN

En la vida, las personas que conoces y con quienes te relacionas importan mucho y tienen una gran influencia en tu éxito. Hay un dicho que dice: "tu red de contactos determina tu patrimonio neto," y por esa razón, relacionarse con personas que poseen ciertos valores que pueden influir en ti y que pueden hacer contribuciones significativas a tu éxito en la vida se ha convertido en una nueva norma. Muchas cosas se acomodarán y la vida se convertirá en un viaje hacia la gloria si estás bien conectado con personas buenas, generosas y con muchos recursos. Existen los transformadores del mundo, los que mueven e influyen en las cosas a tu alrededor, cuya influencia puede marcar una gran diferencia en la configuración de tu futuro.

Indudablemente, tu compañía y red de contactos aumentan y mejoran tu capacidad humana y extienden tu alcance en la vida. Por exitoso que puedas ser, en tus propios ojos y en los ojos del mundo, existen ciertos niveles de logro, peso de gloria, dimensiones de influencia, ámbitos de impacto y niveles de éxito que ninguna red humana puede ofrecerte, excepto tu conexión con tu creador. La insaciable naturaleza de tus necesidades como ser humano solo revela y afirma la verdad de que ciertos grados, ámbitos y dimensiones de realización solo son alcanzables en Dios.

Se cuenta la historia de un hombre muy rico y su joven sirviente. Este hombre acomodado solía deambular por la casa de noche porque estaba intranquilo y no podía dormir. Irónicamente, y contrario a sus expectativas, siempre notaba que el joven sirviente dormía profundamente y hasta roncaba. Lo que también lo desconcertaba era que el joven despertaba en la mañana con un brillo de alegría, realizaba sus labores felizmente, a menudo cantando y a veces hasta bailando. Le resultaba increíble hasta que un día interrogó al joven movido por la curiosidad. La diferencia entre ambos era que el joven tenía a Cristo en su corazón, y era muy esperanzado y optimista sobre su vida y sus expectativas. Puede que no tuviera todo, pero entendía y sabía que *la piedad con contentamiento es una gran ganancia* (1 Timoteo 6:7), y sus patrones de pensamiento, y por lo tanto su mentalidad, estaban configurados para apreciar y aceptar la verdad de que no *trajimos nada a este mundo, así que tampoco podemos llevarnos nada* (1 Timoteo 6:7). También había aprendido a vivir tanto en la abundancia como en la carencia. El efecto de esto era que estaba en paz consigo mismo y estaba contento con la vida. Realizaba su labor con un buen corazón y tenía la disposición de dar sentido a su vida. La lección en esta situación es que hay muchas cosas en esta vida que el dinero no puede comprar: la paz mental, la alegría desbordante y la plenitud de la vida solo se alcanzan en Dios.

Todo lo que trato de establecer es que el dinero y la riqueza no son la clave de la autorrealización ni de la satisfacción en la vida, y por lo tanto, no determinan el éxito verdadero. En las páginas de este libro, pretendo presentarte e impactarte con el mayor compañero que te dará el impulso necesario para la plenitud en la vida: Dios todopoderoso, Su hijo Jesucristo y Su Espíritu. A medida que avanzas en oración a través de las páginas de este manual conmigo, espero que el Espíritu de Dios te ayude a apreciar los valores invaluables de conocer a Dios y el significativo impacto de cultivar una gran personalidad que posea lo necesario para hacer contribuciones valiosas a la vida y para lograr cosas que no solo importan aquí en la tierra, sino que además moldean tu eternidad.

EL CONOCIMIENTO DE DIOS Y LA INFINITUD DE VALORES ASOCIADOS CON ÉL

Los valores obtenidos al conocer a Dios son infinitos.

¿Qué significa esto? ¿Y qué te sugiere? ¿Conoces a Dios? ¿Qué significa conocer a Dios? ¿Qué tan auténtico es tu conocimiento de Él?

Estas son preguntas que buscamos abordar y responder en esta primera parte de este guion.

ENTENDIENDO LA INFINITUD DE DIOS

Como nuestra escritura fundamental ha sugerido, no hay nada en la vida que sea más importante, mejor y de mayor relevancia que conocer a Dios. Para el apóstol Pablo, todo lo demás es basura y está dispuesto a descartarlo con el propósito de conocer a Dios. Según la perspectiva de Pablo, conocer a Dios es la primera cosa que todo ser humano debe buscar, porque todo lo demás es nada e inútil en comparación con los valores que se pueden obtener al conocer a Dios.

¿QUÉ SIGNIFICA REALMENTE INFINITO?

La palabra *infinito* significa ilimitado o sin fin en el espacio, extensión o tamaño; imposible de medir o calcular

Esto supone que el valor de conocer a Dios no puede ser delimitado. No hay límite a lo que un ser humano puede ganar o beneficiarse al conocer a Dios. A medida que conoces a Dios, se te abren niveles mayores de bendiciones y experimentas mayores pesos de Su gloria. Cada revelación y conocimiento sobre Dios—Su personalidad y Sus caminos—te abre a un mayor, más alto y ilimitado reino o dimensión en la vida. Dado que Dios es inagotable por naturaleza, supone lógicamente que no puedes poner límites a lo que un hombre puede potencialmente ganar al conocer a Dios.

La palabra griega traducida como "valor infinito" es *huperechó*, que significa sostener en alto, sobreponerse y ser superior.

Algo que es superior es mejor, mayor, más alto, más poderoso y subyuga. Esto significa que no hay nada mejor que lo que algo o alguien puede ofrecerte en esta vida que lo que obtienes al conocer a Dios. También me sugiere que cuanto más conoces a Dios, más dominas y subyugas las cosas, haciendo que muchas cosas respondan y reaccionen a ti, y te vuelves más superior.

Asimismo, se traduce en algunas versiones como "la excelencia suprema". Esto también me sugiere que el valor que obtendré al conocer a Dios definitivamente está más allá de lo que cualquier hombre puede imaginar. La realidad es que cualquier cosa que podamos imaginar puede tener límites; incluso si no son límites reales, aún podemos establecer límites imaginarios. Verdaderamente, la Santa Palabra, en Su poder creativo, proclama, *"Lo que ojo no vio, ni oído oyó y lo que el corazón humano no ha concebido: las cosas que Dios ha preparado para aquellos que lo aman"* (1 Corintios 2:9), y *"Dios es capaz de hacer abundantemente más de lo que podemos pedir o imaginar"* (Efesios 3:20). Los beneficios y las recompensas que cualquier persona obtiene al conocer y servir completamente a Dios son ilimitados y más allá de medida. Dios puede hacer por ti lo que otros hombres no pueden percibir o imaginar, o lo que tú mismo no puedes comprender; es infinito e ilimitado.

"Conocer y amar a Dios es nuestro mayor privilegio, y ser conocido y amado por Dios es nuestro mayor placer".

— RICK WARREN

Para realmente entender los valores comparativos obtenidos al conocer a Dios en relación a cualquier otro beneficio que un hombre podría tener en esta tierra, creo que hay dos líneas importantes de pensamiento que son muy útiles y deben ser críticas: 1) la naturaleza pasajera de todas las cosas y la vanidad asociada con ellas y 2) la naturaleza eterna y la transcendencia de los valores obtenidos al conocer a Dios.

IDEA PRINCIPAL (RESUMEN)

La búsqueda primaria de cada ser humano debe ser conocer a Dios, ya que todo lo demás palidece en comparación con Su valor. Conocer a Dios tiene beneficios y recompensas ilimitadas, superando cualquier otra búsqueda. El impacto de conocer a Dios se extiende más allá de los reinos físicos y terrenales, influyendo grandemente en la vida espiritual y dando forma a la eternidad de cada persona. Los valores obtenidos al conocer a Dios son eternos, reflejando la propia naturaleza eterna de Dios.

ORACIÓN

Padre celestial, concédeme entendimiento para conocer tu voluntad. Ayúdame a través de las páginas de este libro para que halle ganancia.

LA NATURALEZA PASAJERA DE TODAS LAS COSAS

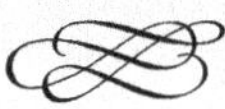

"Y el mundo pasa, y sus deseos; pero el que hace la voluntad de Dios permanece para siempre".

— 1 JUAN 2:17

Algo que es transitorio es temporal y solo está presente por un corto tiempo, y así es todo lo que conforma la breve vida de un ser humano, con la excepción de Dios, que posee un valor eterno. La naturaleza transitoria de todo lo que existe en la vida sugiere que no hay nada permanente aparte de Dios. Realmente no hay constancia en esta vida, salvo en el hecho de que Dios es constante y no cambia. Todo en la vida experimenta alguna forma de cambio, lo que significa que, en última instancia, todo lo que visualizamos y vemos a nuestro alrededor es un espejismo; por lo tanto, vivir con la ilusión de su constancia es engañoso. Las personas a las que amamos, los tesoros y posesiones que valoramos, y todo a lo que estamos apegados son accesibles hoy, pero no hay garantía de que esas cosas permanezcan mañana.

Nuestra lucha con las realidades de la vida radica en nuestra negativa a aceptar y abrazar la verdad de la impermanencia de las cosas, intentando evadir el vacío que provoca la finitud de nuestra existencia. La realidad en la que vivimos es que, terrenalmente y en nuestra humanidad, no hay nada fiable a lo que podamos aferrarnos. Necesitamos despertar de nuestra ilusión y aceptar que todo a nuestro alrededor pasa por diferentes fases de cambio, y por lo tanto no puede ser confiable: solo Dios *permanece igual ayer, hoy y siempre* (Hebreos 13:8). Este despertar nos permitirá construir expectativas realistas en la vida, gestionando adecuadamente nuestro apego a las cosas que nos rodean y el valor que les otorgamos. Un apego bien administrado a las cosas frágiles de la vida nos proporciona una fuerte capacidad de absorción para los choques que vienen con su desaparición, como la flor que se marchita.

Todo lo que es transitorio en la vida se debe a que nada existe por sí mismo, salvo el Creador y dueño de todas las cosas. No hay nada en esta vida que sea autoexistente, excepto Dios. Todo lo que compone el orden natural (los mundos, su universo y todo lo que contiene) está enmarcado y sostenido por el orden divino, establecido por el único ser autoexistente y autosuficiente: Dios, el todopoderoso creador de todas las cosas.

"Porque en Él fueron creadas todas las cosas, en el cielo y en la tierra, visibles e invisibles, sean tronos, sean dominios, sean principados, sean potestades. Todo fue creado por medio de Él y

para Él. Él es antes de todas las cosas, y en Él todas las cosas subsisten".

— COLOSENSES 1:16-17

Indiscutiblemente, todas las cosas, independientemente de su tamaño, naturaleza o estatus, ya sean vivientes o inanimadas, fueron creadas por y son propiedad de Dios; y esto te incluye a ti. También es crucial comprender que todas las cosas se mantienen en su lugar y funcionan gracias al delicado hilo de la utilidad proporcionada por Dios, el creador y dueño de todas las cosas.

A menudo, olvidamos en nuestros pensamientos y reflexiones sobre la vida los componentes eternos del ser humano. La verdad es que el ser humano es eterno, y sería un grave error anclar nuestra esperanza y vida en las cosas transitorias que nos rodean. ¿No es asombroso lo rápido que una flor florece y cuán bellamente se presenta, y luego, en un instante, se desvanece con una velocidad mucho mayor de la que llegó? Esa es la verdad sobre la naturaleza transitoria de la vida y las cosas que la rodean.

"La hierba se seca, la flor se marchita, pero la palabra de nuestro Dios permanece para siempre."

— ISAÍAS 40:8

Debemos prestar atención y enfocarnos en las cosas eternas, porque nuestros 200 años en la tierra no son comparables con nuestra eternidad; es como una gota de agua en el océano.

Puedes discernir en qué confía una persona y qué valora, y por lo tanto, prioriza, observando de qué se jacta. Para muchas personas, su orgullo radica en sus adquisiciones materiales y riquezas; otros lo encuentran en sus logros académicos, otros en su posición social, y así sucesivamente. El gran error que comete la humanidad es olvidar darle crédito a Dios, perdiendo de vista la naturaleza temporal de todas estas cosas. Es extraño cómo nos quedamos atrapados en nuestro apego a este mundo, continuando en negación, mientras todo a nuestro alrededor comunica su naturaleza transitoria. Podemos imaginar lo rápido que muchas cosas pierden su relevancia porque se vuelven obsoletas. Aunque son buenas y útiles por varias razones en la existencia terrenal del ser humano, cuando se enfrentan a la realidad de su naturaleza transitoria, pierden valor al compararse con conocer a Dios.

Despertar a la constancia del cambio también genera un sentido de incertidumbre y, por ende, de vacío en nosotros. Nada puede llenar ese vacío aparte de Dios, quien es el que llena todas las cosas y es el sustento de todas ellas.

EL LUGAR DE LA VANIDAD

"Todo es vanidad. ¿Qué gana el hombre con todo el trabajo con que se afana bajo el sol? Una generación va, y una generación viene, pero la tierra permanece para siempre".

— ECLESIASTÉS 1:1-4

El rey Salomón, en su sabiduría, clasificó las composiciones de la existencia terrenal del ser humano como vanidad debido a la naturaleza transitoria e impermanente de todo lo alcanzable en esta vida. Salomón se dio cuenta de que nada obtenido en la vida, fuera de lo que Dios proporciona, posee permanencia; por lo tanto, no vale la pena el esfuerzo que podría llevar a la pérdida del alma. La fugacidad de la vida y todo lo que la rodea enfatiza la esencia del tiempo y la vacuidad de las cosas materiales.

DEFINICIÓN DE VANIDAD

1. Vacío; falta de sustancia para satisfacer el deseo; incertidumbre; inanidad.
2. Deseo o esfuerzo infructuoso.
3. La comprensión de la evanescencia y el vacío asociado con las múltiples facetas de la vida.

La vanidad implica la idea de que lo que el ser humano anhela a lo largo del tiempo carece de valor intrínseco. Por tanto, no te dejes atrapar en la fútil búsqueda de lo mundano. Cultivar una mentalidad espiritual y centrarse en la eternidad te permitirá poner la vida en la perspectiva adecuada, lo que moldeará tus deseos y anhelos, alineándolos con la búsqueda de la justicia y las cosas que trascienden los reinos materiales.

IDEA PRINCIPAL (RESUMEN)

La naturaleza transitoria de la vida resalta la importancia del tiempo y la futilidad de las cosas terrenas. En esta vida no hay permanencia ni constancia, excepto en Dios. Si hay algo a lo que deberías aferrarte y perseguir, es el conocimiento de Dios, ya que Él permanece para siempre.

ORACIÓN

Señor bondadoso, ayúdame a conocerte, para que pueda enfocarme en lo esencial y eterno de la vida. Guíame a permanecer centrado en la vida celestial y eterna.

LA NATURALEZA ETERNA Y LA TRASCENDENCIA DE DIOS

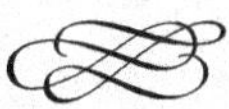

Las recompensas que un hombre obtiene al conocer a Dios trascienden lo natural, y son de un valor eterno. Dios es eterno por naturaleza, y todo lo que se relaciona con Él también trasciende lo temporal. Esto significa que cualquier acción de Dios en los asuntos humanos tiene como objetivo principal la eternidad, aunque tenga en cuenta las circunstancias del mundo natural. Muchas veces, los hombres se concentran solo en el presente o en lo inmediato. Nuestro deseo de satisfacción instantánea es el verdadero obstáculo en la obtención de los beneficios que provienen de servir a Dios. Además, frecuentemente nos dejamos atraer por lo visible y lo tangible. Sin embargo, lo que Dios nos ofrece no se limita a lo que se puede tocar; lo más importante son los beneficios intangibles que, aunque no puedan ser vistos, son mucho más significativos porque son eternos.

"No mirando nosotros las cosas que se ven, sino las que no se

ven; porque las cosas que se ven son temporales; pero las que no se ven son eternas".

— 2 CORINTIOS 4:18

En segundo lugar, la naturaleza eterna de los valores obtenidos al conocer a Dios también los hace infinitos. Este es el motivo por el cual existe una gran diferencia en la importancia entre lo que un ser humano puede alcanzar y lo que se obtiene a través de conocer a Dios. Los valores que derivan del conocimiento de Dios son eternos porque Él es eterno.

"Antes que naciesen los montes y formases la tierra y el mundo, desde el siglo y hasta el siglo, tú eres Dios".

— SALMO 90:2

La palabra *eterno* se refiere a lo que no tiene principio ni fin. Aunque exploraremos más a fondo la eternidad de Dios más adelante, es crucial entender que Dios mismo es eterno. Por lo tanto, cualquier beneficio o valor que provenga de Él estará impregnado de eternidad. Cuando Dios envió a Moisés a los israelitas en Egipto con su mensaje, Moisés quiso saber quién lo enviaba. La respuesta de Dios reveló su deidad y eternidad: *"YO SOY EL QUE SOY" —diles que "YO SOY" te ha enviado.*

El valor de las recompensas obtenidas por buenas obras en la tierra incluye la eternidad. La verdad es que la eternidad está grabada en el corazón humano; *"Él también ha puesto eternidad en el corazón humano; sin embargo, nadie puede comprender lo que Dios ha hecho desde el principio hasta el fin"* (Eclesiastés 3:11). La naturaleza eterna de los valores obtenidos a partir del conocimiento de Dios y de un servicio sincero a Él les otorga un significado y una importancia superiores a cualquier cosa que este mundo pueda ofrecer. Esto significa que recibirás cosas que permanecerán contigo para siempre, permitiéndote alcanzar reconocimiento e importancia en este mundo, al tiempo que continúas disfrutando de esos beneficios también en la otra vida, enriqueciendo así tu tesorería celestial.

Pablo entendió el peso de la gloria que se revelaría al pueblo de Dios después de que ellos hubieran servido desinteresadamente, y aconsejó:

"Considero que nuestros sufrimientos actuales no son nada comparados con la gloria que será revelada en nosotros."

— ROMANOS 8:18

"No acumulen para ustedes tesoros en la tierra, donde la polilla y el óxido destruyen, y donde los ladrones se meten a robar."

— MATEO 6:19

IDEA PRINCIPAL (RESUMEN)

Dios es eterno y vive en la eternidad. Todo lo relacionado con Él trasciende la naturaleza. Todo lo que Dios hace con y para una persona va más allá de la mortalidad de esa persona. Los beneficios y valores que un hombre gana al conocer a Dios son, por lo tanto, mucho más significativos que lo que el mundo material puede ofrecer.

ORACIÓN

Padre celestial, por favor enséñame a buscar cosas en la vida que importen en la eternidad para que mis obras me sigan para siempre.

EL CONOCIMIENTO DE DIOS

La palabra griega traducida como "conocimiento" en relación con conocer a Dios es "gnosis", que se traduce al inglés como "conocimiento adquirido a través de la experiencia personal (De Primera Mano)". El conocimiento de Dios implica entender quién es Él (su personalidad) y cuál es su voluntad (lo que tiene en mente para ti). No se trata de un conocimiento meramente intelectual, sino de una experiencia vivida y sentida con Dios. La conexión con Dios no se establece a través de la mente, sino a través del corazón. De hecho, el Espíritu Santo, que es Dios, habita en tu corazón y derrama el amor de Dios en él (Efesios 3:17, Romanos 5:5). Así, la conexión con Dios se realiza mediante el Espíritu Santo que habita en ti, y esta conexión es a través del corazón. "Gnosis" o "ginosko" implica un conocimiento experiencial, no simplemente una comprensión intelectual de datos acerca de Dios, Jesús o la Biblia.

El conocimiento de Dios se adquiere a través de experiencias personales y encuentros directos con Él. Este conocimiento directo supone cuatro aspectos críticamente importantes:

1. **No se adquiere a través de la Literatura**

Este conocimiento no se obtiene solo mediante la lectura de literatura u otros materiales. Es personal y se adquiere a través de experiencias nuevas, discernidas con un corazón abierto mediante encuentros profundos con Dios. Si bien la lectura es valiosa y necesaria, es fundamental captar el espíritu detrás de la letra mediante revelación e inspiración. El conocimiento meramente intelectual o la letra, por sí sola, pueden ser letales; *"la letra mata, pero el espíritu da vida"* (2 Corintios 3:6). Jesús dijo: *"Las palabras que os he hablado son espíritu y son vida"* (Juan 6:63). La palabra de Dios revela quién es Él, pero para conocerlo verdaderamente, necesitamos el espíritu que la inspira.

2. **Puede ser enseñado, pero NO transferido**

El conocimiento de Dios no se puede transferir de una persona a otra. Alguien puede guiarte en tu camino hacia Dios, pero el verdadero conocimiento proviene de encuentros personales y revelaciones divinas. Un profesor puede enseñarte acerca de Dios, pero no puede darte la experiencia directa de conocerlo; esto es algo que debes hacer por ti mismo y para ti mismo. Puedes recibir orientación hacia la verdad, pero cada persona debe encontrar su propia conexión con Dios.

3. **Está más allá de la aplicación de la mente**

"Siempre aprendiendo, y nunca llegando al conocimiento de la verdad"

— 2 TIMOTEO 3:7

Utilizar la mente para comprender es una cosa; encontrar la verdad es otra. El conocimiento de Dios trasciende lo mental y requiere más que simple razonamiento. No puedes fiarte de una mente finita para captar y comprender plenamente al Dios infinito. Conocer a Dios requiere un nivel de convicción y es necesario involucrar el corazón en esta búsqueda. La aplicación puramente intelectual limita nuestras percepciones a lo sensorial, lo que puede llevar a la pérdida de verdades esenciales. Nuestros sentidos son limitados y no pueden captar la verdad acerca de Dios. Esto significa que hay muchas cosas que nuestra mente puede procesar, pero que no son verdaderamente relevantes porque no constituyen la verdad absoluta. La verdad es Dios, y el desarrollo de la mente humana no es suficiente para conocerlo. Conectarse con Dios revela la verdad y la desmitifica, haciéndola comprensible para el ser humano. *"Conoceréis la verdad, y la verdad os hará libres"* (Juan 8:32).

4. **Se adquiere por revelación y encuentro**

El verdadero conocimiento de Dios se logra a través de un encuentro directo con Él. Esto ocurre cuando Dios se revela a sí mismo, y el individuo percibe la verdad sobre la vida y su propiedad. Es significativo comprender que Dios es el sustentador de la vida y posee absolutamente todo, incluida tu vida. La realización de que no puedes existir por ti mismo es esencial; Dios es el único ser autoexistente y autosuficiente. Aunque cada persona se haya logrado mucho en la vida, siempre estará bajo la obligación de rendir cuentas a alguien.

IDEA PRINCIPAL (RESUMEN)

El conocimiento de Dios se adquiere a través de experiencias personales y encuentros directos con Él. Comprender su personalidad y su voluntad no es solo una cuestión de conocimiento intelectual, sino más bien una experiencia personal y conectada al corazón. Este conocimiento se obtiene a través de conexiones profundas con Dios, guiadas por corazones discernientes. Si bien otros pueden orientarte en tu camino hacia el conocimiento de Dios, en última instancia, es a través de encuentros personales y revelaciones divinas que realmente lo conoces. Se enfatiza que este conocimiento requiere convicción y va más allá del entendimiento intelectual, siendo un proceso de revelación personal por parte de Dios.

PARTE II
VERDADES SOBRE CONOCER A DIOS

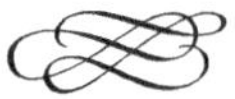

En la búsqueda de conocer a Dios, hay verdades esenciales que todos deben entender. Estas verdades establecen el tono para nuestras discusiones sobre cómo podemos venir a conocer a Dios.

Un individuo puede participar en diversas actividades con el objetivo de conocer a Dios, pero es fundamental recordar que es Dios quien debe revelarse a la persona, y esa persona solo podrá conocer en la medida en que Dios se manifieste a sí mismo.

CONOCER A DIOS A UN NIVEL PERSONAL

La relación que cada uno tiene con Dios se desarrolla en diferentes niveles y dimensiones, y la manera en que Dios se relaciona con las personas es profundamente personal e íntima. Aunque Dios interactúa con la humanidad a nivel comunitario, lo que realmente valora son las conexiones personales que cada individuo establece con Él.

En Mateo 16:15, Marcos 8:29 y Lucas 9:20, Jesús pregunta: *"¿Pero ustedes quién dicen que soy yo?"* No es suficiente con conocer información sobre Dios o sobre Jesucristo; es crucial anhelar y buscar conocerlo a un nivel personal y construir una relación íntima. Esta es una tarea que nadie más puede hacer por ti, sin importar cuánto te amen. Aunque otros pueden guiarte y enseñarte sobre Dios, no pueden conocerlo por ti.

La primera verdad fundamental en tu viaje para conocer a Dios es que debes hacerlo de manera personal. Dios desea establecer y desarrollar una relación única con cada uno de nosotros. Las relaciones son construidas a través de un conjunto de comportamientos que conectan a dos o más personas. Cada uno tiene una relación diferente y única con Dios; así como los lazos que tengo con mi esposa son distintos de los que tengo con mi hermana, aunque ambas relaciones son valiosas. La singularidad de cada relación depende de los comportamientos y la conexión que se produce entre las partes involucradas.

Por lo tanto, es crucial que no caigas en la ilusión de que estás bien solo porque participas en actividades de la iglesia o perteneces a una gran congregación. La realidad y la verdad de tu relación personal con Dios son las que realmente cuentan; esa es la única vía para conocer mejor a Dios. Él busca una relación íntima con cada individuo y tiene los brazos abiertos para todos los que se acercan a Él sinceramente en busca de revelación.

La percepción popular sobre quién es Jesús no importa tanto como lo que tú personalmente sabes que Él es en tu vida. La multitud tuvo diversas opiniones sobre Jesús; los judíos lo consideraron un hereje y los romanos lo vieron como un posible insurrecto. Sin embargo, esas percepciones no eran relevantes. La verdadera pregunta es: ¿quién es Él para ti? Para ti, Él es tu salvador que murió para liberarte, es el unigénito hijo de Dios, y vive para siempre. Jesús busca saber qué has aprendido de Él.

En este sentido, lo que otros dicen sobre Jesús puede ser simplemente conocimiento superficial, una opinión subjetiva. No importa tanto lo que la gente opine, sino lo que tú has llegado a conocer sobre Él en tu vida.

IDEA PRINCIPAL (RESUMEN)

Dios anhela tener una relación cercana y personal con cada individuo. Está listo para acoger a todos quienes lo busquen y revelarse a aquellos que lo persiguen con sinceridad. La comprensión y experiencia de quién es Dios tiene una relevancia mucho mayor que las opiniones populares, ya que para Dios lo que importa es lo que tú realmente has conocido y experimentado de Él.

ORACIÓN

Rezo para que encuentres a Dios a un nivel personal, que te destaques de la multitud y marques la diferencia en tu camino de fe.

ENTENDIENDO LOS CAMINOS DE DIOS

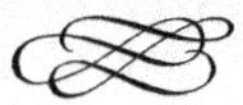

"Si he hallado gracia ante tus ojos, te ruego que me muestres ahora tus caminos, para que te conozca".

— ÉXODO 33:13

Moisés quería conocer a Dios, y sabía que para esto debía entender Sus caminos. Los caminos de una persona definen cómo actúa y por qué toma determinadas decisiones. Estos caminos explican lo que la persona valora y considera verdadero.

Los caminos de una persona reflejan su sistema de valores y determinan sus prioridades. Así, estos caminos enfatizan la perspectiva y la cosmovisión personal, lo que afecta necesariamente sus decisiones y acciones en la vida. Conocer los caminos de Dios te ayuda a discernir Su carácter, sus propósitos y su forma de actuar en el mundo.

Los caminos de Dios son la perspectiva divina de la vida y reflejan los juicios y valores que Él establece. Estar alineado con la perspectiva divina sobre tu vida y el mundo que te rodea te posiciona de manera óptima para experimentar la verdadera plenitud. Cuando tu sistema de creencias y valores está fundamentado en la verdad de Dios, tu conducta se alinea con Su voluntad, llevándote al descubrimiento de Su propósito para tu existencia.

El salmista menciona en Salmo 103:7 que Dios reveló Sus obras a los hijos de Israel, pero a Moisés le mostró Sus caminos. Esta es la diferencia clave que define a Moisés como un amigo cercano de Dios, en contraste con aquellos que permanecieron rebeldes a pesar de ser testigos de Sus maravillas. Conocer los caminos de Dios es esencial para vivir una vida significativa y dejar una huella duradera tanto en esta vida como en la eternidad.

1. **Los caminos de Dios son superiores**

Isaías 55:8-9 nos recuerda: "Porque mis pensamientos no son vuestros pensamientos, ni vuestros caminos son mis caminos". Aunque los hombres pueden tener sus propios caminos y el mundo puede ofrecer métodos diversos, los caminos de Dios son infinitamente superiores. El Creador de todo no puede equivocarse sobre Su creación. La sabiduría humana es limitada, mientras que Dios, siendo omnisciente, posee la capacidad de guiarte hacia el mejor camino.

2. **Nunca te equivocarás en la vida**

Proverbios 14:12 afirma que "hay un camino que parece correcto al hombre, pero su fin es muerte". No obstante, Dios guía por sendas de justicia. Sus caminos son perfectos y Su palabra es intachable (Salmo 18:30). Cuando decides seguir los caminos de Dios, puedes estar seguro de que no te equivocarás. Nuestras emociones y deseos pueden nublar nuestro juicio, pero al aferrarte a Dios, encuentras claridad y dirección.

Dios es la esencia de todo lo que buscamos. No solo tiene conocimiento; Él es conocimiento. No solo señala el camino; Él es el camino, la luz, el amor y la verdad que da sentido a nuestra existencia.

3. **Experiencia de mayor intimidad con Dios**

Conocer y caminar en los caminos de Dios no te aleja de Él, sino que te acerca. Moisés es un ejemplo de proximidad a Dios; su relación era tan profunda que podía discernir los pensamientos del corazón de Dios (Génesis 8:21). A través de su deseo de entender los caminos de Dios, se acercó más a Él, experimentando una relación que lo diferenciaba del resto.

Los discípulos, como Juan y Pedro, compartieron sus experiencias poderosas con Jesús, lo que muestra la profundidad de su conexión. Ellos no solo conocieron Sus obras, sino que vivieron una relación personal que transformó sus vidas.

4. Desarrollar longevidad y perseverancia

Es maravilloso conocer a Dios por Sus obras; sin embargo, depender exclusivamente de ellas limita tu experiencia. Si solo conoces a Dios por Sus acciones, las raíces de tu fe no serán profundas y, eventualmente, podrías tambalearte. En cambio, entender Sus caminos te fortalece y te proporciona la tenacidad necesaria para perseverar en la fe.

La verdadera resistencia espiritual surge al conocer a Dios de manera profunda, lo que te lleva a permanecer firme, incluso en medio de las pruebas.

5. Encuentro con la Verdad

La oración del salmista en Salmo 86:11 es clara: *"Enséñame tu camino, oh SEÑOR, y caminaré en tu verdad".* Dios es la Verdad, y Sus caminos son igualmente verdaderos. Vivir conforme a la verdad te protegerá de desviarte en tu viaje de fe. La autenticidad en tu caminar con Dios se refleja en la coherencia entre tu vida y Su verdad.

Conocer los caminos de Dios es esencial, ya que conocer a Dios es conocer la verdad, y Sus caminos son la verdad. La falsedad y el engaño son obstáculos significativos que impiden que manifestemos nuestro máximo potencial. Por eso, liberarse de la falsedad es vital en nuestra vida espiritual.

6. La virtud de la paciencia

A medida que nos esforzamos por conocer y entender los caminos de Dios, también desarrollamos la capacidad de ser pacientes y esperar en Él. No somos ignorantes de lo que ocurre a nuestro alrededor; esta comprensión nos permite ver a Dios de maneras nuevas y profundas. Al cultivar la paciencia, crecemos en confianza hacia Dios y en el deseo de seguirlo.

Esta disposición de seguir a Dios genera un anhelo en nosotros por Su presencia. Al pasar tiempo con Él, permitimos que Su influencia forme y crezca a Cristo dentro de nosotros. Así, conocer y seguir los caminos de Dios nos lleva a conformarnos a Su naturaleza y carácter.

"Muéstrame tus caminos, oh SEÑOR; enséñame tus sendas".

— SALMO 25:4

El salmista clama el deseo de conocer los caminos de Dios. Este deseo define el camino que lleva a una vida que es agradable a Él y alineada con Su voluntad.

IDEA PRINCIPAL (RESUMEN)

Tener una perspectiva alineada con la divina es beneficioso para nuestras vidas. Buscar entender y seguir los caminos de Dios nos lleva a descubrir Su voluntad y propósito, lo que es fundamental para conocerlo. Los caminos de Dios superan el entendimiento humano; Él es luz, amor y la esencia de todo lo que existe. Al adquirir comprensión de Sus caminos, fortalecemos nuestra resiliencia interior. Por lo tanto, buscar el conocimiento de los caminos de Dios es crucial, ya que lleva a la verdad, y conocer a Dios significa conocer la verdad.

ORACIÓN

Dios, hazme entender tus caminos. Guíame hacia Ti y no me dejes desviarme. Acércame a Ti cada momento de mi vida para que pueda conocerte. Libérame del poder del engaño y la falsedad. Revélate a mí y permíteme tener encuentros divinos.

UN ENCUENTRO CON LA VERDAD

"Conoceréis la verdad, y la verdad os hará libres".

— JUAN 8:32

Conocer a Dios implica un encuentro con la verdad, porque Él es la verdad. Jesús afirma: *"Yo soy el camino, la verdad y la vida"* (Juan 14:6). Esta afirmación señala que no hay diversas verdades, sino una: el Señor Dios.

La integralidad de Su palabra es verdad; no hay error ni falsedad en ella (Salmo 119:160). Por el contrario, el diablo es el mentiroso y el padre de la mentira (Juan 8:44). Conocer la verdad, por lo tanto, es encontrarse con Dios. Un encuentro real con Él produce cambios tangibles en nuestra vida. La transformación que ocurre al entrar en contacto con la verdad nos libera de los poderes de pecado y engaño. La falsedad nos encadena, mientras que la verdad nos establece en libertad.

HECHOS, VERDAD Y REALIDAD

Los <u>hechos</u> pueden ser empíricos y comprobables; la <u>verdad</u> es absoluta y es Dios mismo, accesible solo por la fe; y la <u>realidad</u> es una convicción personal. Creer en la verdad y atesorarla es lo que define nuestra realidad. Así, un individuo vive en una realidad que puede variar entre los hechos y la verdad divina.

La realidad, por lo tanto, es subjetiva y se define por la fe y la creencia de cada persona. Para que nuestra vida sea efectiva y significativa, nuestra realidad debe basarse en la convicción de la verdad de Dios. Conocer y abrazar la verdad debe ser la piedra angular de nuestra existencia.

¿QUÉ ES LA VERDAD?

La verdad es lo que está en consonancia con la mente, voluntad, carácter, gloria y ser de Dios. En resumen, la verdad es la autoexpresión de Dios. Debido a su origen divino, la verdad es teológica. Dios es el autor, la fuente, el determinador y el juez final de toda verdad. Como afirma MacArthur (2008), "Dios es uno; la verdad es una y exclusivamente finita".

No hay ambigüedad al respecto: Dios es el único verdadero. Él es el original, y todo lo demás proviene de Él. Conocer esta verdad es esencial para vivir una vida plena y conectada con Dios.

"Yo soy el camino, la verdad y la vida; nadie viene al Padre sino por mí".

— JUAN 14:6

El énfasis aquí es que Jesús es la verdad, el único camino verdadero que le da la vida de Dios al hombre. La verdad significa que no hay muchas verdades, sino solo una, y esa es Dios. Siendo "el resplandor de la gloria [de Dios] y la imagen misma de su persona" (Heb. 1:3), en su existencia terrenal (encarnada) se manifestó como la encarnación perfecta de toda verdad. Un encuentro con Jesús significa un encuentro con la verdad, que libera el poder de Dios para obrar en las personas: *"Y conoceréis la verdad, y la verdad os hará libres"* (Juan 8:32).

La verdad es la autoexpresión de Dios, y por ese motivo, es imposible separar la verdad de Dios.

IDEA PRINCIPAL (RESUMEN)

Conocer a Dios requiere encontrarse con la verdad. Una experiencia genuina con Dios trae transformaciones distintas y medibles en la vida de una persona. Cuando un individuo encuentra la verdad, es liberado y rescatado de la influencia de Satanás. La fe es creer y adherirse firmemente a la verdad. También destaca que Dios es verdad y es uno. Así, encontrarse con Jesús es equivalente a encontrarse con la verdad.

ORACIÓN

Rezo por un encuentro con la verdad. Ata la verdad en la tabla de mi corazón, y así viviré una vida libre de la opresión y dominio satánico. No caeré en la herejía. Cualquier asedio satánico en mi mente lo mando romper.

DIOS ES CONOCIDO POR REVELACIÓN

"Y Jesús respondió y le dijo: 'Bienaventurado eres, Simón, hijo de Jonás, porque no te lo reveló carne ni sangre, sino mi Padre que está en los cielos'".

— MATEO 16:17

Conocer a Dios comienza con un encuentro espiritual personal: Dios se revela y los hombres lo disciernen. Conocer a Dios no se enseña en un aula, aunque uno puede ser guiado y orientado en un camino que llevaría a conocer a Dios y al auto-descubrimiento. Pero en el ámbito profundo de conocer a Dios por quién es realmente, el Creador se revela de manera única al individuo. La verdad, que es Dios, se conoce mejor a través de una experiencia reveladora con Él, una situación única que denomino encuentros divinos.

REVELACIÓN

Esto es un destape, una iluminación de lo que había estado previamente oculto o velado con respecto a Dios mismo, sus propósitos y planes para la creación.

La palabra "revelación" también significa lo que Dios ahora muestra, colocándolo en una categoría propia, con autoridad sobre todo conocimiento y revelando a los hombres lo que deben saber en su debido tiempo. De la misma manera, y particularmente, el conocimiento sobre Él mismo debe ser revelado a ti. La creación misma y la naturaleza revelan diferentes aspectos de Dios de diversas maneras. Mientras algunas personas contemplan y aprecian la belleza, el poder y la grandeza de Dios a través de la observación de sus obras creativas, otras dudan de Su existencia. Esto implica que tus ojos deben ser abiertos para detectar, ver y apreciar la verdad, y así conocer a Dios. Esto es un gran privilegio, la mejor cosa que le puede ocurrir a cualquier ser humano, y debes estar agradecido si has tenido esa experiencia.

"Que el Dios de nuestro Señor Jesucristo, el Padre de gloria, os dé espíritu de sabiduría y revelación en el conocimiento de Él".

— EFESIOS 1:17

Esta es la oración de Pablo para la iglesia de Éfeso después de escuchar de su fe en Dios, y es mi oración para ti también. Discutiremos esta escritura en más detalle en otra sección de esta serie dedicada a cómo un hombre puede conocer a Dios, pero lo que quiero resaltar aquí es el papel del espíritu de sabiduría y revelación en el conocimiento de Dios.

Muchas escrituras enfatizan que Dios es revelado por el Espíritu Santo, y este es el deber principal o ministerio del Espíritu Santo. Él revela a Dios al hombre para que el hombre pueda beneficiarse de toda la obra terminada en la cruz del Calvario. La misión principal del Espíritu Santo en los asuntos de los hombres es permitir que se beneficien de la obra terminada de Cristo. No hace nada más que dirigir a los hombres hacia la obra salvadora de Cristo, la gracia y los muchos privilegios, dones y recursos para una vida mejor que vienen con ella. En esencia, revela al Dios trino al hombre para que este pueda conocer a Dios, tener la oportunidad de ser una mejor persona y, finalmente, ser salvado. Jesús estaba limitado en su ministerio de enseñanza por la falta de capacidad de sus seguidores para soportar las muchas verdades profundas que debía enseñarles. Su prescripción y solución a esta situación insoportable era que esperaran el ministerio del Espíritu Santo cuando él viniera. Jesús dijo: "Tengo muchas más cosas que deciros, pero no podéis soportarlas ahora. Sin embargo, cuando venga el Espíritu de verdad, Él os guiará a toda la verdad"(Juan 16:12, 13).

"Las cosas secretas pertenecen al SEÑOR nuestro Dios, pero las cosas reveladas nos pertenecen a nosotros y a nuestros hijos para siempre, para que podamos seguir todas las palabras de esta ley".

— DEUTERONOMIO 29:29

La verdad y la realidad con la que estamos tratando aquí es que nuestras percepciones sensoriales no pueden captar a Dios. No podemos realmente entender a Dios a través de una deducción mental iniciada por nuestros sentidos naturales. Hay muchas limitaciones sobre el alcance en que los sentidos naturales de un hombre pueden desarrollarse, y no importa cuán avanzados estén, nunca alcanzarán la capacidad de detectar y sostener a Dios. Dios se discierne; por lo tanto, se necesita algo más que una capacidad natural o intelectual para poder ver a Dios.

LA IDENTIDAD DE CRISTO Y LA REVELACIÓN ESPIRITUAL

Cuando Pedro reconoció la verdadera identidad de Cristo, Jesús le dijo que esta revelación no le había sido dada por carne y sangre, sino por el Padre (Mateo 16:17). Esto implica que el conocimiento de Dios no puede ser adquirido a través de experiencias naturales o inclinaciones humanas. Para conocer a Dios, es fundamental tener un fuerte deseo y anhelo en el espíritu. Este conocimiento se logra principalmente a través de encuentros divinos, que ocurren en la profunda comunión con Dios, también conocida como "koinonia", donde los creyentes se entregan a la oración y al estudio de la palabra.

La comunión con otros hermanos y santos es beneficiosa en muchos aspectos, especialmente en la impartición de diversas gracias que el Señor ha otorgado a cada uno.

IDEA PRINCIPAL (RESUMEN)

Dios se revela a las personas, y es responsabilidad de los hombres discernir y reconocer esa revelación. La verdad, que es sinónimo de Dios, se comprende mejor a través de experiencias personales de encuentro con Él, es decir, los "encuentros divinos". El Espíritu Santo es el responsable de revelar a Dios y proporciona el espíritu de sabiduría y revelación, crucial en el proceso de conocerlo. Discerning a Dios requiere más que habilidades naturales o intelectuales, es necesaria una conexión más profunda. El conocimiento de la verdad no se puede alcanzar únicamente por medios ordinarios.

ORACIÓN

Padre, por favor, revélate a mí. Hazme sensible a ti para que pueda discernirte. Dame oídos para escucharte y ojos para verte. Que los ojos de mi entendimiento sean iluminados para que pueda conocerte tal como eres.

LA CERCANÍA ES CLAVE PARA CONOCER A DIOS

Se cuenta la historia de un niño que le preguntó a su padre: "¿Qué tan grande es Dios, papá?" El padre lo llevó afuera para que mirara un avión en el cielo. "¿Qué tan grande es el avión?" preguntó. "Muy pequeño, papá", respondió el niño. Luego, lo llevó al aeropuerto y, al acercarse al avión, el niño exclamó: "¡Papá, es tan grande!" El padre le explicó: "Así es Dios; cuanto más te acerques a Él, más grande se volverá para ti".

La *intimidad* es lo que llamamos la experiencia de realmente conocer y ser conocido por otra persona. La cercanía y la intimidad con Dios funcionan de manera similar. Se construyen y desarrollan a través de relaciones, no necesariamente en un sentido espacial. Uno puede estar físicamente cerca de alguien y sentirse distante, o estar a millas de distancia y aún sentir conexión. Asimismo, puedes estar en la iglesia y no conocer a Dios si no has desarrollado una relación con Él.

LA CLAVE PARA CONOCER A DIOS

Para conocer a Dios, es crucial hacer un esfuerzo consciente por involucrarlo en tu vida y pasar tiempo en su presencia. A medida que oras y estudias la palabra, más llegarás a conocerlo.

"Para mí es bueno estar cerca de Dios".

— SALMO 73:28

"Acércate a Dios, y Él se acercará a ti. Limpia tus manos, pecadores, y purifica vuestros corazones".

— SANTIAGO 4:8

Acercarse a Dios transforma tu vida, convirtiéndote en una preciosa joya. Es esencial rechazar el pecado al acercarte a Él, desarrollando un corazón puro y evitando la maldad.

A medida que te acercas a Dios, experimentarás el privilegio de Su poder transformador. Un gran ejemplo de esta intimidad es Moisés, quien, al buscar conocer a Dios, se acercó a Él y entendió Sus caminos. Su relación cercana con Dios le permitió discernir los propósitos divinos.

Para acercarte a Dios, se requiere:

1. Estudiar la Palabra de Dios en oración.
2. Tener comunión efectiva, incluyendo oración y canto de salmos.
3. Participar en la comunión con otros creyentes.

4. Evitar el yugo desigual con incrédulos y compañías que no edifiquen tu fe.

IDEA PRINCIPAL (RESUMEN)

La clave para desarrollar una relación cercana e íntima con Dios es construir una relación fuerte con Él. Al buscar intimidad y cercanía con Dios, podemos obtener conocimientos más profundos sobre Su carácter, y Él nos revela más de Sí mismo. Es esencial entender que al orar y estudiar Su palabra, nuestro conocimiento de Dios se enriquece. Por lo tanto, para conocer verdaderamente a Dios, uno debe esforzarse por acercarse a Él pasando más tiempo en Su presencia.

ORACIÓN

Acércame más a Ti, querido Señor. Permíteme verte por quien eres, hazme entender tus tratos y canaliza tu bendición a través de mí.

DIOS ES INAGOTABLE POR NATURALEZA

"¡Oh, la profundidad de las riquezas, de la sabiduría y del conocimiento de Dios! ¡Cuán insondables son sus juicios y sus caminos inescrutables!"

— ROMANOS 11:33

No importa cuánto conozcas a Dios; Él sigue siendo un misterio con mucho más por descubrir. La verdad es que no hay manera de que un hombre pueda agotar todo el conocimiento sobre Dios. Sus caminos son insondables y Su sabiduría es infinita. Dios es inagotable, mientras que nuestra capacidad para entenderlo es limitada.

"¿Puedes penetrar las profundidades de Dios o descubrir los límites del Todopoderoso?"

— JOB 11:7

La inmensidad de Dios lo hace inagotable y, por lo tanto, imposible de entender completamente. Existen muchas cosas en la vida y la creación que no podemos comprender del todo. Es importante vivir con lo que has tenido el privilegio de entender, revelado por Dios para ti, y confiar en que lo que no entiendes será esclarecido en su debido momento. No debemos dejar que la búsqueda de entender todo lleve a cuestionamientos que puedan desafiar o condenar a Dios.

Así como no podemos conocer todos los aspectos de la vida, tampoco podemos conocer todo sobre Dios. La vida es un rompecabezas que revela la mente y la intención de Dios para Su creación: *"Las cosas secretas pertenecen a Dios, y lo que es revelado es dado a nosotros y a nuestros hijos, para entender y hacer todas las palabras de la ley"*. (Deuteronomio 29:29)

DIOS ES INAGOTABLE

Dios es inagotable principalmente porque es tanto infinito como eterno. Estos atributos divinos son dos razones fundamentales por las que no podemos medir a Dios ni encasillarlo en nuestras limitadas comprensiones.

"Para conocerlo a Él y el poder de Su resurrección, y la comunión de Sus sufrimientos, siendo conforme a Su muerte".

— FILIPENSES 3:10

Cuando Pablo escribió esta carta a los Filipenses, había tenido numerosas experiencias y encuentros con Dios durante 25 años tras su conversión. Sin embargo, hablaba con la humildad de quien aún no ha agotado el conocimiento sobre Dios, reconociendo que siempre hay más por descubrir.

Nunca debemos sentir que ya conocemos lo suficiente de Dios, pues esa actitud puede llevar a la sequedad espiritual y a una mayor vulnerabilidad ante las tentaciones. Cualquier estado en el que te encuentres en tu relación con Dios es un indicativo de que necesitas una nueva revelación, un conocimiento más profundo para avanzar al siguiente nivel en tu camino con Él.

CREZCAN EN LA GRACIA

"Pero crezcan en la gracia y en el conocimiento de nuestro Dios y Salvador Jesucristo".

— 2 PEDRO 3:18

Entendiendo que Dios es vasto, infinito e inagotable, y que está en todas las cosas, no debes detenerte en tu deseo de que Dios se revele a ti. Es fundamental seguir creciendo en el conocimiento de Su personalidad y Su voluntad para la humanidad.

"El Dios trascendente, que está más allá del tiempo y el espacio, no puede ser descubierto o conocido a través de la autonomía de la razón humana".

— VIRGINIA ORTON

PUNTOS PRINCIPAL (RESUMEN)

1. **Misterio de Dios**: No importa cuánto sepas sobre Dios, Él sigue siendo un Ser misterioso e incomprensible, con aspectos infinitos aún por explorar.
2. **Búsqueda incesante**: Nunca ceses tu búsqueda de Dios; sigue deseando que se revele a ti.

ORACIÓN

Gran y poderoso Rey, no hay nadie como tú. Tu sabiduría es insondable; tu gloria es incomparable. La creación habla de Tu grandeza y naturaleza magnífica. Por las obras que has hecho, eres digno y mereces todo el honor y la gloria.

PUEDES SABER SOBRE DIOS, PERO NO CONOCERLE

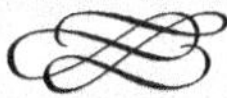

Muchas personas saben sobre Dios y Jesús, pero no tienen una relación personal con Él. Esta falta de conexión hace que solo tengan conocimiento intelectual, pero no una comprensión profunda y transformadora.

DIFERENCIA ENTRE SABER Y CONOCER:

<u>Saber sobre Dios:</u> Se refiere a un conocimiento de cabeza—hechos y conceptos que permanecen en la mente y no afectan el corazón. Este conocimiento puede llevar a una comprensión superficial, sin convicción ni poder transformador.

<u>Conocer a Dios:</u> Implica una experiencia del corazón que transforma vidas. Este conocimiento se arraiga en el corazón y se manifiesta en acciones concretas. La verdadera creencia proviene del corazón, y *"con el corazón se cree para justicia."* (Romanos 10:10)

MOTIVO DE LA BÚSQUEDA

Pregúntate: ¿Cuál es el motivo detrás de tu búsqueda del conocimiento de Dios? ¿Buscas saber sobre Él para hablar de manera intelectual, o quieres conocerlo para ser transformado y asemejarte a Él? La primera opción puede reflejar orgullo, mientras que la segunda se convierte en un puente hacia la semejanza a Cristo.

PERCEPCIÓN DE DIOS

Para aquellos que solo saben sobre Dios, Él puede parecer distante e indiferente.

En cambio, quienes realmente conocen a Dios entienden Su interés personal en sus vidas y buscan Su voluntad en todas las situaciones.

ENCUENTRO CON JESÚS

La pregunta de Jesús a sus discípulos sobre Su identidad no buscaba la opinión popular, sino resaltar la importancia de tener un encuentro personal y genuino con Él. Conocer a Dios implica tener una relación profunda, que transforma el entendimiento y la percepción de Su naturaleza.

EJEMPLO DE HECHOS 19:11-20

Los hijos de Esceva, que observaron los milagros de Pablo, intentaron invocar el nombre de Jesús sin tener una relación auténtica con Él. Su intento fallido demostró que el poder de

Dios solo se manifiesta en aquellos que realmente lo conocen y tienen una conexión genuina con Él.

PUNTOS CLAVE (RESUMEN)

Las personas pueden tener conocimiento acerca de Dios y Jesús, pero carecen de una relación personal con Él. El "conocimiento intelectual" no brinda convicción ni poder transformador. Conocer a Dios, en cambio, es un entendimiento experiencial que impacta la vida, activa la fe y desata el poder de Dios. En última instancia, el poder de Dios es accesible solo para aquellos que verdaderamente lo conocen y tienen una relación genuina con Él.

ORACIÓN

Oro sobre tu vida para que Dios se revele a ti. También oro para que, al enfocar tu mente a Dios, tengas experiencias reveladoras que te lleven a enamorarte profundamente de Él y a anclarte en Su presencia. Oro para que conozcas a Dios cada vez más profundamente y, a medida que lo hagas, obtengas el poder que solo Él puede ofrecer.

ABSOLUTAMENTE NADA SE LE COMPARA

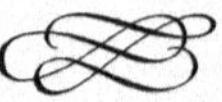

"Sí, todo lo demás no tiene valor en comparación con el infinito valor de conocer a Cristo Jesús mi Señor".

— FILIPENSES 3:8

La verdad fundamental a comprender aquí es que el valor obtenido al conocer a Dios a través de Cristo Jesús y mediante el Espíritu Santo es infinito. No hay límites al valor que un hombre puede derivar de esta relación. Lo que obtienes al conocer a Dios y servirle plenamente es incomparable y no puede ser comprado con dinero, ni otorgado por nadie, ni igualado por ninguna posesión terrenal.

RAZONES DEL VALOR INFINITO

1. **Transciende los reinos naturales**

Las recompensas obtenidas por un servicio sincero a Dios trascienden el mundo natural. Estas recompensas no son reconocibles ni medibles en términos humanos o materiales. Lo que Dios, en Su soberanía, te concede como recompensa no siempre se puede explicar con la mente humana. Son tesoros que se almacenan en tu tesoro celestial.

2. **Eternidad de las recompensas**:

La naturaleza eterna de estas recompensas implica que son permanentes y no pueden ser arrebatadas. Como Jesús dijo a Marta: *"Pero una cosa es necesaria: y María ha escogido la buena parte, la cual no le será quitada."* (Lucas 10:42). Las cosas que adquieres en la tierra solo benefician tu vida mortal y son transitorias. Es prudente dirigir tu energía hacia lo que tiene el potencial de ayudarte a dominar la tierra y, más importante aún, acumular tesoros en el cielo.

COMPARACIÓN DE VALORES

Nada que se obtenga de manera terrenal - ya sean cuentas bancarias abultadas, autos de lujo, ropa cara, mansiones, fama o dinero - puede ofrecer un valor eterno. Todo esto carece de significado cuando se compara con el valor de conocer a Cristo y a Dios. Por tanto, es fundamental que comprendas que, por más importante que algo pueda parecer en la tierra, no puede acercarse al valor de conocer a Dios. Busca conocerlo por quien Él es y desarrolla una intimidad genuina con Él.

ACLARACIÓN

No confundas el conocimiento y servicio a Dios con inutilidad en la tierra. Lo que trasciende no significa que solo tengas beneficios celestiales; significa que también te beneficiarás de estas recompensas en tu vida terrenal. La mejor inversión que un hombre puede hacer para sí mismo se produce al conocer a Dios a nivel personal y al desear dar a conocer Su grandeza a los demás.

PUNTOS PRINCIPALES (RESUMEN)

- No hay límites al valor que una persona puede derivar de conocer a Dios.
- Ninguna cantidad de dinero o posesiones terrenales puede compararse con las recompensas que se obtienen al servir a Dios de todo corazón.
- Estas recompensas trascienden el reino natural y son otorgadas por la soberanía de Dios.
- Aunque la mente humana pueda tener dificultades para comprender estas recompensas, son tesoros almacenados en tu tesoro celestial.
- El valor de estas recompensas es eterno y no puede ser arrebatado.
- Es esencial entender y apreciar que nada en la tierra se acerca al valor de conocer a Dios.

PARTE III
VALORES INTRÍNSECOS

La verdad es que todo lo demás es insignificante en comparación con el valor infinito de conocer a Dios. ¿Por qué el valor de conocer a Dios es invaluable y no debe cambiarse por nada? ¿Por qué es tan importante conocer a Dios? Los valores que un hombre obtiene al conocer a Dios trascienden los reinos naturales y son eternos por naturaleza, lo que los hace infinitos. Los valores que un hombre gana al conocer a Dios se manifiestan en dos dimensiones:

1 Intrínseco - El efecto del conocimiento de Dios en la persona.

2 Extrínseco - Los beneficios (espirituales, físicos, emocionales, etc.) que la persona obtiene al conocer a Dios.

La mayoría de las veces nos enfocamos en los beneficios que obtenemos de conocer a Dios, pero el valor más importante aquí es el efecto que tiene en tu vida. La verdad es que estos efectos producen los beneficios. Míralo de esta forma: quién eres, lo que llevas dentro y lo que posees determinan lo que puedes producir y, por lo tanto, lo que puedes tener. Tus resultados dependen de tus valores y de lo que vales. En otras palabras, lo que puedes ofrecer depende de lo que eres capaz de dar; no puedes dar lo que no tienes. El valor que ofreces determina lo que atraes y lo que puedes generar. La capacidad que construyes determina tu valor y tu alcance. Piensa más en los cambios internos que deberían y podrían ocurrir en ti y en tu vida al conocer a Dios y aprovecharlo, y muchos otros beneficios estarán asegurados. Te guste o no, lo que eres internamente tiene un gran impacto en tu entorno externo.

La siguiente discusión se centra en los valores intrínsecos y extrínsecos que un hombre obtiene al conocer a Dios.

A veces la solución está en arreglarnos a nosotros mismos, no solo en las cosas buenas que llegan a nosotros. Primero está en corregirnos y hacernos capaces de manejar las cosas buenas que vendrán. Para mí, el camino es enfocarse en uno mismo al emprender el viaje de conocer a Dios, deseando que Él se revele a ti. Humíllate a sus pies y entrégate al Espíritu Santo de Dios para que trabaje en ti. Crece en sensibilidad a la guía del Espíritu de Dios y mantente dispuesto a actuar de acuerdo con las convicciones divinas. A medida que creces en el Señor y en el conocimiento de Él, tu oración debe ser que Dios te haga una mejor persona en cada faceta, aspecto y área de tu vida. Debe haber un cambio de personalidad, hacia y en conformidad con la persona de Cristo Jesús, quien es la imagen misma del Dios invisible. Esos cambios internalizados en la persona generan la mentalidad pacífica necesaria para crear un entorno de energía positiva que atraiga cosas buenas.

En los próximos capítulos, discutiremos algunos poderosos efectos que conocer a Dios tendría en ti y cuán críticamente importantes son para llevar una vida impactante y para el cumplimiento de tu destino.

FUERZA PARA HACER PROEZAS

"Y con lisonjas corromperá a los violadores del pacto; más el pueblo que conoce a su Dios se mostrará fuerte y actuará".

— DANIEL 11:32

A través de encuentros con Dios, personas grandes y poderosas han surgido de personas que habrían sido ordinarias. La verdad es que nadie encuentra y llega a conocer a Dios y permanece igual; sin una transformación tangible y una traducción a algo de mayor valor intrínseco. Personas que de otro modo serían débiles y frágiles, zarandeadas sin rumbo en la vida, terminan siendo fuertes y posteriormente se convierten en significativas en la vida cuando conocen a Dios. El efecto del factor Dios en la vida de cualquier persona no puede ser subestimado ni menospreciado. No tengo idea de con quién estoy hablando en este momento, ni en qué etapa de su vida estás y con qué cosas estás lidiando, pero date cuenta de que el factor Dios es algo enorme y hace una gran diferencia en la vida de un hombre.

En la escritura anterior, se expresan claramente tres pensamientos, y parecen seguir una secuencia cronológica o secuencial: conocer a Dios, ser fuerte y hacer exploits.

FUERZA

La capacidad de un objeto o sustancia para soportar gran fuerza o presión. La capacidad de resistencia y el poder para resistir.

Cuando un hombre tiene el privilegio de encontrar y realmente conocer a Dios, no tiene otra opción que aumentar en fuerza - pero los que esperan en el SEÑOR renovarán sus fuerzas (Isaías 40:31a). Sin ser fuerte, no puedes hacer exploits y, por lo tanto, no estás en posición de ser grande.

En conclusión, fortalécete en el Señor [sé empoderado a través de tu unión con Él]; extrae tu fuerza de Él [esa fuerza que Su poder infinito proporciona] (Efesios 6:10).

La definición bíblica de fuerza es el poder para prevalecer o ganar la ventaja sobre la oposición y para hacerse solidamente fundamentado e inamovible.

El efecto resultante de la fuerza que un hombre aprovecha de la gracia de conocer a Dios es sin medida y le permite a la persona lograr mucho.

LA CAPACIDAD DE RESISTIR

La fuerza es la capacidad de resistir las muchas fuerzas opuestas de circunstancias y situaciones que trabajan contra tus esfuerzos para subir la escalera del éxito y la grandeza. La fuerza se revela en el desarrollo de la voluntad de tener éxito independientemente de oposiciones arduas – sin rendirse, pero persistiendo y perseverando. La fuerza se exhibe en la capacidad y disposición para seguir dando, incluso más, cuando se está fatigado. Se muestra en la capacidad de luchar con éxito contra el cansancio y avanzar más allá de lo que parece un punto de quiebre.

La Biblia resume y enfatiza este punto con la declaración: "Cuando fallas en los días de adversidad, entonces tu fuerza es pequeña" (Proverbios 24:10).

Tu habilidad para seguir en pie y producir buenos resultados después de haber sido golpeado y atravesado momentos adversos y desafiantes revela tu fuerza.

MANTÉN TU ENFOQUE

La fuerza espiritual o sobrenatural y la tenacidad producen en ti la capacidad de mantener el enfoque en las metas establecidas sin titubear ni desmoronarse.

- **Actúa correctamente independientemente**

Es el carácter de actuar correctamente ante muchos errores y una intensa presión. Para la mayoría de las personas y en la mayoría de los casos, no son capaces de coordinar sus pensamientos correctamente ante la presión, por lo tanto, la reacción resultante a la situación no es correcta. "(...) ser fortalecidos con poder por su Espíritu en el hombre interior" (Efesios 3:16).

Esto significa que eres capaz de soportar mucha toxicidad; sin embargo, lo que produces no es destructivo, sino constructivo, y eso significa que internamente eres fuerte. Recuerda que Jesús dijo: "No es lo que entra en la boca lo que contamina al hombre, sino lo que sale de la boca" (Mateo 15:11). Tu capacidad para producir el bien frente a lo inmoral es lo que te hace fuerte. El espíritu y la mente de las personas fuertes no se dejan contaminar fácilmente para producir maldad y actuar incorrectamente.

- **Controla tus emociones débiles**

Siempre ilustro la fuerza interna de esta manera: te enfrentas a una situación en la que una persona te ha provocado gravemente; estás enojado con esa persona. En un giro de 180 grados, te enfrentas a otra persona que no ha contribuido de ninguna manera a la situación. Tu capacidad para actuar correctamente y no canalizar tus malas y débiles emociones hacia la persona es indicativo de tu fuerza. Es un carácter que debe construirse para asegurar que las personas buenas a tu alrededor no sufran por las malas acciones de otras personas. No tienes que desahogar tu veneno sobre un mal negocio o problemas con tu jefe o colegas de trabajo sobre tu esposa e hijos cuando llegues a casa.

• **Produce la voluntad de tener éxito**

"Pero el que perseverará hasta el fin, ese vivirá".

— MATEO 24:13

Se te considera un fracaso solo cuando dejas de luchar en la búsqueda del destino. Puedes ser derribado, pero no estar fuera de la pelea por una vida útil y significativa. Los ganadores tienen el carácter de la perseverancia: persistiendo en resistencia. Lo que necesitas es poder levantarte y producir una mejor lucha, y esto se llama tenacidad interna. Este es un carácter fuerte de campeones y ganadores: nunca rendirse, sino siempre estar dispuesto a pelear por un regreso y dar un mejor intento. No dejes de hacer lo bueno que sabes que te llevará al destino; no dejes de luchar porque solo eres considerado un perdedor cuando dejas de intentar con la esperanza de tener éxito. Mientras tengas esperanza y sigas persistiendo y poniendo tu mejor esfuerzo, nunca serás contado entre los fracasados. La Biblia dice que "la esperanza no defrauda" (Romanos 5:5). Nunca es demasiado tarde; sigue empujando, sigue intentándolo y haciendo el esfuerzo, y Dios bendecirá tu corazón y tu buen esfuerzo.

• **Acumula y aprovecha la fuerza**

Habiendo entendido realmente todos los efectos de la fuerza en una persona o cómo ser fuerte impacta en ella, podemos ver claramente que necesitas ser fuerte para hacer proezas – extraordinariamente bien.La Biblia afirma claramente que el efecto de la perspicacia y la comprensión divinas en una persona es aumentar la fuerza – la tenacidad interior. Por lo tanto, cuanto más conoces a Dios, más fuerzas intrínsecas atraes y mayor es la voluntad de luchar con fuerza en la vida. Las personas que han encontrado a Dios de verdad no se acobardan fácilmente de la vida ni se conforman con menos. Saben para qué están hechas y lo que Dios ha dicho y prometido respecto a su destino. También entienden que los caminos de Dios no son los caminos del hombre, por lo tanto, son pacientes con Dios y comprenden lo que implica obedecer a Dios sufriendo. El efecto es que aquellos que conocen a su Dios no son de los que abandonan, sino que aprenden a perseverar hasta el final para ganar la recompensa y la corona de la victoria al final. Conocer a Dios produce en ti una voluntad y poder intrínsecos para estar con Dios y luchar la buena batalla de la fe.

"Pero los que esperan en el Señor renovarán sus fuerzas; se levantarán con alas como las águilas; correrán, y no se cansarán; caminarán, y no se fatigarán".

— ISAÍAS 40:31

El proceso de esperar requiere involucrar a Dios y darle la atención necesaria. El resultado de una espera adecuada en Dios son encuentros divinos con Él. La importancia de la espera, por lo tanto, es que Dios se revela de muchas maneras al individuo, y esto produce conocimiento. En otras palabras, una buena espera en Dios produce encuentros con Él a través de experiencias revelatorias que brindan mayor comprensión y conocimiento experiencial de Dios.

El efecto resultante es la renovación de fuerzas:

1. Levantarse con alas como el águila,
2. Correr y no cansarse,
3. Caminar y no desmayar.

Conocer a Dios produce fuerza, y eso te capacita para luchar la buena batalla de la fe. No cansarse, rendirse, desmayar o acobardarse.

"Todo lo puedo en Cristo que me fortalece".

— FILIPENSES 4:13

IDEA PRINCIPAL (RESUMEN)

La influencia de Dios en la vida de una persona es increíblemente poderosa y no debe subestimarse. Encontrar y conocer verdaderamente a Dios permite a un hombre incrementar su fortaleza y hacer hazañas. Cuando alguien tiene la oportunidad de conocer a Dios personalmente, inevitablemente experimenta un aumento de fuerza y la capacidad de lograr logros notables. Conocer a Dios inculca en una persona una determinación innata y la capacidad de luchar la buena batalla de la fe.

ORACIÓN

Que Dios te fortalezca en tu hombre interior y que produzca en ti la voluntad de luchar la buena batalla y el carácter para resistir los engaños del diablo. Que desarrolles el poder de perseverar y la capacidad de persistir.

PODER DE TRANSFORMACIÓN

"No os conforméis a este siglo, sino transformaos por medio de la renovación de vuestro entendimiento, para que comprobéis cuál sea la buena voluntad de Dios, agradable y perfecta".

— ROMANOS 12:2

La transformación es posible en la vida de un hombre mediante la renovación de la mente. Cambia la forma en que solías pensar y desarrolla una mentalidad diferente. Esto significa tener una cosmovisión o percepción diferente de Dios, sobre ti mismo, sobre las personas y sobre la vida, que te moldea y cambia para vivir en conformidad con la nueva mentalidad. La imagen que retienes en tu mente sobre Dios y sobre ti mismo es esencial para determinar en quién te convertirás. Transformar – del griego *anakainósis*: una renovación o cambio de corazón y vida; un nuevo desarrollo o un cambio completo para mejor, logrado por el poder de Dios o efectuado por el Espíritu Santo. La transformación aquí se refiere a los cambios dirigidos que el poder de Dios afectará en tu vida a través de la obra del Espíritu Santo, para hacer de ti una mejor persona. El papel del Espíritu Santo en esta instancia es iluminar los ojos de tu entendimiento, de modo que, al obtener el conocimiento de Dios, comiences a pensar de manera diferente.

La verdad que me gustaría establecer aquí en esta escritura se relaciona con el efecto del estado de la mente en la transformación del individuo. Tu estado mental determina tus emociones, y tus emociones influyen en tu actitud, que es tu comportamiento en el momento mencionado en respuesta o reacción a una situación. La acumulación de comportamientos similares durante un período comunica y manifiesta un carácter. El poder para transformar en esta instancia se genera en la alineación de tu mente para reconocer y apreciar a Dios, sus propósitos para la vida y sus planes para ti.

"Y esto pido en oración, que vuestro amor abunde aún más y más en conocimiento y en todo discernimiento, para que probéis lo que es mejor, a fin de que seáis sinceros e irreprochables para el día de Cristo".

— FILIPENSES 1:9-10

El conocimiento y el discernimiento son muy necesarios para los sistemas de valores y el juicio. Tu juicio sobre las cosas determina lo que apruebas y validas en la vida. El comportamiento humano siempre es coherente con lo que la mente de la persona valida como verdadero y correcto. Esto significa que lo que sabes tiene una relación directa con lo que haces y, por lo tanto, con tu comportamiento. Si tu mentalidad impacta tu comportamiento y carácter, entonces construir la mentalidad correcta produce un efecto transformador en la vida del individuo. Por lo tanto, construir una mentalidad buena, positiva y correcta te hace comportarte de manera apropiada para una vida significativa.

Lo que debes entender es que conocer a Dios renueva tu mente y te hace pensar de manera diferente. Puedes desarrollar una mentalidad que sea coherente con el carácter de Dios, y serás capaz de comprender y apreciar la voluntad de Dios. Conocer a Dios te hace desarrollar una mente que puede probar lo que es bueno y razonable, y que es repulsiva al mal. Este cambio produce el efecto de tener un juicio sano en la vida y la capacidad de expresarte en consonancia con la voluntad de Dios. Tu capacidad para demostrar cuál es la voluntad de Dios supone el conocimiento de los caminos de Dios. Es ese tipo de conocimiento el que lleva el poder transformador para extraer grandes y ocultos valores del espíritu de un hombre.

El tipo de mentalidad que llamaríamos renovada y que, por lo tanto, puede llevar el poder de transformar es la mente que es capaz de probar lo que es bueno y aceptable. Esta es una mente que está formada para conocer, validar y apreciar la verdad y los caminos de Dios. Esta es la mente que me gustaría llamar la mente fructífera. En la propia afirmación de Pablo sobre los cambios dirigidos de la madurez en su vida, relacionó su crecimiento con el estado de su mente o la forma en que pensaba. "Cuando era niño, hablaba como niño, entendía como niño, pensaba como niño; pero cuando llegué a ser hombre, dejé las cosas de niño." (1 Corintios 13:11). Eventualmente habló como un niño, lo cual fue la expresión exterior de lo que había dentro de él. Esto fue principalmente porque entendía las cosas como un niño y, lo más importante, pensaba como un niño. Para ser transformado en una persona madura y mejor, necesitas cambiar tu forma de pensar; construir una mentalidad diferente, porque, como un hombre piensa en el corazón, así es él.

Lo que necesitas es una mente que esté formada para creer correctamente. No es una mente que opere únicamente sobre los análisis y lógicas de la vida, sino una que invoque la función de la fe y la creencia cuando sea necesario para la validación de los asuntos de la vida. Esto sugiere una mentalidad que se forma desde el condicionamiento y la disposición del corazón. Esta mente no solo opera en lógica y hechos, sino también en convicción e intuición divina. Su máxima destreza, por lo tanto, está anclada en la convicción e intuición divina.

Por lo tanto, la fortaleza de una mente fructífera se establece sobre la premisa del conocimiento de Dios o conocer a Dios.

Una mentalidad formada desde la creencia correcta —creer en Dios y en Su hijo Jesucristo, recibir rhema y creer en la palabra de Dios— es el mejor lugar para extraer tu fuerza y poder.

"Oro para que los ojos de tu corazón sean iluminados para que conozcas la esperanza a la que Él te ha llamado, las riquezas de su gloriosa herencia en su santo pueblo".

— EFESIOS 1:18

Esta es una oración que hago por ti: que los ojos de tu entendimiento sean iluminados, que cualquier oscuridad que cubra tu mente sea disipada por la luz de Su palabra, que desarrolles la capacidad de descubrir, reconocer y conocer a Dios. Las capas estratificadas de ignorancia, falsedad o información incorrecta del mundo, crean oscuridad espesa en tu mente. A través de encuentros con la luz de la palabra de Dios, esas capas de falsedad son removidas. Dado que eres un producto de tu mente, la mente renovada te hace experimentar el poder de transformación de Dios. Por lo tanto, cualquier revelación e intuición que recibas —entiende, cree y valida como verdad— del Señor deshará una capa o pilas de capas de información incorrecta que puedas haber construido en tu mente desde el mundo. El conocimiento de Dios es luz, y al entrar en contacto con él, disipa cualquier ignorancia oscura en tu mente y te hace brillar en la gloria de Dios.

"Así como un hombre piensa en su corazón, así es él".

— PROVERBIOS 23:7

Pensar en el corazón significa una nueva mentalidad y patrón de pensamiento formados por la adquisición de conocimiento más allá de la estimulación mental natural, conectando el corazón y la mente. Este conocimiento no solo se adquiere por procesos analíticos y estimulación intelectual, sino que involucra la invocación de la creencia del corazón, logrado a través de un encuentro divino. Esta es una posición de convicción fuerte que se adherirá independientemente de la experiencia externa o exterior.

"...para despojarse de su antigua manera de vivir, su viejo ser, que se corrompe por sus deseos engañosos; para renovarse en el espíritu de sus mentes; y para revestirse del nuevo ser, creado a imagen de Dios en verdadera justicia y santidad".

— EFESIOS 4:22:24

Cuando un hombre llega a Cristo Jesús, es transformado de la vieja naturaleza y el ser con sus modos de vida (maneras antiguas) en el nuevo ser (nuevo hombre) creado a la semejanza de Dios —Justo y Santo. Entonces, lo que ocurre en la vida de la persona que llega a conocer a Dios es despojarse del viejo ser y revestirse del nuevo hombre. El puente entre los dos estados, o lo que efectúa los cambios deseados, es ser renovado en el espíritu de la mente. El espíritu renovado de la mente impacta al hombre de dos maneras críticamente importantes. Esencialmente, la mente se vuelve fructífera y ahora es capaz de adquirir las virtudes invaluables que conciernen a la naturaleza del Viviente.

En segundo lugar, el corazón está debidamente condicionado por el Espíritu Santo que mora en él para desarrollar la capacidad de creer en Dios y operar en fe. Así, el hombre es capaz de captar el espíritu de la letra u obtener revelación sobre Dios y su voluntad. El efecto de esto es que el hombre puede actuar de manera consistente con el carácter y la mente de Dios.

La renovación del espíritu de la mente trasciende un proceso meramente intelectual que involucra la invocación de la fe y la convicción. Así, Abraham, el padre de la fe, esperó contra toda esperanza, sin considerar el estado físico de la muerte del vientre de Sara. Esto significa que el estado de su mente y lo que Abraham mantuvo como verdad, aquello en lo que trabajó, se basaba en la fe —convicción divina y los impulsos del Espíritu de Dios. Esto es lo que le dio a Abraham la victoria y los cambios que se requerían en su vida y la de su esposa.

Aun cuando no había razón para la esperanza, Abraham siguió esperando, y su fe no se debilitó, aunque, con casi 100 años de edad, consideraba que su cuerpo ya estaba como muerto—y también el vientre de Sara. (Romanos 4:18-19)

La verdad es que Abraham actuó así y pudo obtener la victoria porque caminó con Dios y lo conoció como el Dios de todas las posibilidades; por lo tanto, creyó en Dios.

IDEA PRINCIPAL (RESUMEN)

No estoy sugiriendo que se desprecie la mente, sino que lo que estoy defendiendo es que construyas la mentalidad correcta, una que se basa en el conocimiento adquirido de Dios. Deja que tus pensamientos, que llevan al desarrollo de la mentalidad, incluyan la función de tu creencia en Dios. Deja que tu validación de la verdad en cualquier asunto se ancle en una convicción evaluada desde una mente y un corazón que estén en sintonía con Dios y a los cuales el Espíritu Santo tenga acceso.

ORACIÓN

Abre mis ojos, Señor, y déjame descubrirme en ti. Por favor, transfórmame para conformarme a Cristo Jesús. Fórmame y moldéame en un recipiente que puedas usar con orgullo para tu gloria.

PROFUNDIZA TU AMOR POR DIOS

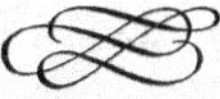

"Aquel que no ama no ha conocido a Dios; porque Dios es amor".

— 1 JUAN 4:8

Cuando un hombre llega a conocer a Dios por quien realmente es, esa persona inevitablemente se enamora de Él. Se dice y es cierto: "Muéstrame un hombre que esté profundamente enamorado de Dios, y te mostraré en esa persona a alguien que realmente ha conocido a Dios". Lo que intento decir es que no hay manera de que alguien pueda conocer a Dios y no enamorarse de Él; amar a Dios es tener una experiencia reveladora y encuentros verdaderos con Él. También significa que cuanto más conoces a Dios, más te enamoras de Él. Enamorarse de Dios significa operar en amor y ser guiado por amor en tu camino. Cuando realmente eres sostenido y capturado por el amor de Dios, opera en ti con tal fuerza irresistible que, sin esfuerzo, amarás a los demás y harás el bien a las personas —Porque el amor de Cristo nos impulsa (2 Corintios 5:14).

Más allá del entendimiento, se adquiere conocimiento cuando un tema ha sido validado y considerado verdadero. En ese punto, ha trascendido el estado mental y ahora es creído con el corazón. Conocer a Dios va más allá del conocimiento intelectual y la estimulación mental, hacia una experiencia del corazón. El amor de Dios también opera de manera similar: surge desde el interior, porque reside en el corazón. Conocer a Dios como una verdad se da a través del despertar del corazón, el asiento del amor. Aunque el amor implica actividad mental, en su mayoría es una afirmación del corazón que autentica plenamente el amor. Por lo tanto, el conocimiento verdadero y auténtico de Dios tiene una relación directa con la profundidad del amor del individuo.

REFLEXIÓN

Me di cuenta de algo sobre la vida y el comportamiento humano que fue un milagro para mí en algún momento. Para la mayoría de las personas, cuanto más se acercan a alguien, y cuanto más conocen a esa persona, más se distancian en el corazón y el espíritu. Incluso en las familias, cuando están lejos y no conviven, tienden a amarse más que cuando están viviendo juntas. Un esposo y una esposa, en las primeras etapas de su matrimonio, pueden estar fuertemente unidos, pero pueden distanciarse a medida que permanecen juntos y se conocen mejor. Irónicamente, a medida que se conocen más, el afecto y el apego emocional que los une tiende a disminuir.

Por el contrario, cuanto más cerca está una persona de Dios y cuanto más conoce a Dios, más profundamente se enamora de Él. Esto fue un enigma para mí, porque pensaba que cuanto más conoces a una persona, mejor la entiendes y más te enamoras. Pero, irónicamente y en contradicción con lo esperado, la mayoría de las veces no es así. Entendí esta contradicción del enigma a través de la inspiración del Señor.

Comprendí que el ser humano es falible, imperfecto y vulnerable. Cuanto más te acercas a alguien, más te expones a las imperfecciones de esa persona. Esto significa que descubres cosas que te desaniman. Desafortunadamente, nuestra mente está diseñada para notar fácilmente lo malo y las debilidades de los demás, y eso es lo que tendemos a retener. Por otro lado, cuanto más te acercas a Dios, descubres a un Dios que es perfecto en todos sus caminos. Te deslumbrarán las maravillas que descubres sobre Él. Lo que quiero decir aquí es que cuanto más conoces a Dios, más te das cuenta de atributos asombrosos y encantadores que te hacen enamorarte aún más de Su personalidad adorable.

Él es vasto y abarca todas las cosas; sin límites. La belleza de Su santidad es gloriosa; la inescrutabilidad de Su sabiduría; la magnificencia de Su gloria; la infinitud de Su poder y muchos otros atributos divinos solo revelan a un Dios grandioso, majestuoso e impecable. Conocerlo provoca en el hombre una sensación asombrosa de admiración. El efecto de una verdadera revelación de Dios es que el hombre se enamora de lo que ha visto y desea más de Él.

IDEA PRINCIPAL (RESUMEN)

Por naturaleza, Dios es amor, y quien conoce a Dios ha tenido un encuentro con el amor, el cual es contagioso. Es realmente imposible que alguien conozca a Dios y no lo ame, lo cual también se traduce en amor hacia los demás. Si deseamos profundizar en nuestro amor por Él, la clave es profundizar en nuestro conocimiento de Él.

ORACIÓN

Querido Dios, mi humilde súplica es que te reveles a mí. Déjame experimentar tus actos y obras de amor y ayúdame a comprender tus caminos. Derrama tu amor en mi corazón para que pueda amarte cada vez más, a medida que te conozca más y más.

TIENES UN PROPÓSITO

No llegaste a la faz de la tierra por accidente; fuiste colocado aquí deliberadamente por Dios como un valor añadido a esta vida. Por su soberanía, Dios te colocó en esta tierra para hacer una contribución significativa a la creación. La vida no es un accidente, sino una razón para el placer de Dios. Por lo tanto, es primordial que entiendas cuál es la intención de Dios y la esperanza a la cual estás llamado. Estás aquí en una misión divina para cumplir muchos propósitos que conducirán a la glorificación de Dios y a la edificación de otras personas. Es triste que, cuando no se conoce el propósito, el abuso es inevitable. Por lo tanto, es muy importante descubrir y vivir una vida con propósito.

PROPÓSITO

El propósito de una cosa es la intención para la cual fue creada y la razón detrás de su existencia esencial. Para ser esencial y relevante en esta vida, debes esforzarte por descubrir y entender tu propósito, y vivirlo."...que el Dios de nuestro Señor Jesucristo, el Padre de gloria, te dé el espíritu de sabiduría y revelación en el conocimiento de Él; los ojos de tu entendimiento iluminados; para que sepas cuál es la esperanza de su llamado, cuáles son las riquezas de la gloria de su herencia en los santos" (Efesios 1:17-18).

Un hombre solo puede descubrir su propósito en Dios, porque Él es el único determinante de nuestros propósitos en esta tierra. Este es un valor único e importante que un hombre gana cuando llega a conocer a Dios: entender el propósito y saber por qué fue formado. Esto se debe a que la esencia y utilidad de la existencia de un hombre es descubrirse a sí mismo y vivir una vida con propósito. Una vida significativa, de impacto en esta existencia, es aquella que se lleva a cabo en el delgado hilo de los propósitos de Dios para el hombre.

La verdad es que no importa lo que un hombre haga con su vida, hay una persona que determina el valor de cada uno, y es Dios, quien creó al hombre para Su propósito y placer. Sepan también que el valor de cada persona está conectado con el propósito para el cual fue creada, y el cumplimiento de los muchos propósitos de Dios en la vida de un hombre conduce al cumplimiento del destino.

Debemos reconocer que la vida en la tierra es transitoria y transicional, y que nuestro enfoque debe estar en algo más eterno. Por mucho que trabajemos duro para lograr muchas hazañas en esta vida, lo perdemos todo en última instancia, cuando no reconocemos que la esencia de la vida se trata del cumplimiento de propósitos divinos. Tampoco debemos perder de vista que estamos aquí con una asignación del Creador de todas las cosas, y que lo que hagamos con nuestra vida aquí determinará nuestra ubicación en la eternidad. Se dice que la vida en la tierra es solo una oportunidad que se nos da para moldear cómo se verá nuestro cielo y eternidad.

"Los dos días más grandes de tu vida son el día en que naciste y el día en que descubres por qué"

— DARLENE ZSCHECH

Tu propósito revela tu verdadera identidad. Por lo tanto, un hombre que no ha descubierto el propósito de Dios para su vida y no lo vive ni lo cumple, está en una profunda crisis de identidad. Puedes tener más con qué vivir, lo cual es bueno, pero es mejor tener un propósito claro para vivir, ya que eso produce en ti la capacidad y voluntad de seguir luchando.

"Muchos son los planes en el corazón de una persona, pero es el propósito del SEÑOR el que prevalece".

— PROVERBIOS 19:21

El propósito de Dios, prevaleciendo o permaneciendo, implica algunas cosas. Lo más importante es que muchas de las cosas que podríamos hacer con nuestras vidas fallarán, se desvanecerán y desaparecerán, pero los propósitos de Dios vivirán para siempre con nosotros, incluso en la eternidad. La esencia de esto es que las hazañas logradas en la búsqueda del destino, hechas en el trabajo de justicia, seguirán a un hombre a través de la eternidad. Esfuérzate por descubrir el propósito de Dios para tu vida y busca perseguirlo. Pero la verdadera pregunta es:

¿cómo descubre un hombre su propósito en la vida? Realmente no es posible descubrir el propósito y cumplir el destino sin conocer a Dios.

El destino se trata del plan eterno de Dios y de los muchos propósitos que tiene para cada individuo. Para ser intencionado y cumplir el destino, por lo tanto, un hombre debe descubrirse a sí mismo a través del conocimiento de Dios. Una de las mayores cosas que le sucederá a una persona al conocer a Dios es obtener conocimiento sobre la vida y entender la esperanza de Su llamado. Sin conocer a Dios, la vida carece de sentido, porque sin conocer a Dios no se puede descubrir el propósito. ¿Cuál es la esperanza de tu llamado? ¿Es algo que vale la pena perseguir y descubrir?

ESPERANZA

Esto es una expectativa o anticipación de algo grandioso. Genera un buen sentimiento, que impulsa a una persona a dedicarse y comprometerse con obras grandes y notables. Recuerda que los pensamientos que Dios tiene hacia ti son llevarte a un fin esperado (Jeremías 29:11).

Ese fin esperado que el buen Señor y Creador de todas las cosas piensa para ti define la esperanza (gran expectativa) de tu llamado. Pablo dice que, al obtener conocimiento y comprensión del conocimiento de Dios, se llega a saber cuál es la esperanza del llamado de un hombre. En otras palabras, para saber cuál es la esperanza de mi llamado y, por tanto, identificar mi propósito en la vida, debo conocer a Dios.

IDEA PRINCIPAL (RESUMEN)

Conocer a Dios aporta un valor único e importante a una persona al proporcionar una comprensión de su propósito y la razón de su existencia. Un hombre obtiene conocimiento sobre la vida y comprende la esperanza de Su llamado al perseguir conocer a Dios. La tierra es temporal y transicional, por lo tanto, seamos alentados a enfocarnos en algo eterno. Conocer a Dios debería convertirse en el propósito principal de cada hombre, porque ese es el primer paso para descubrirse a uno mismo y los muchos propósitos que un hombre debe cumplir en los muchos aspectos de su vida.

ORACIÓN

Señor, gracias porque el propósito principal de nuestras vidas es conocerte y ser conocidos por ti. Señor, necesitamos desesperadamente tu guía. Guíanos a descubrir nuestra verdadera identidad y ayúdanos a cumplir los muchos propósitos que tienes para nosotros.

PARTE IV
VALORES EXTRÍNSECOS

"Deseo sobre todas las cosas que tú seas prosperado en todas las cosas, y que tengas salud, así como prospera tu alma".

—3 JUAN 1:2

Conocer a Dios no solo te impacta a ti; también impacta todo lo que te rodea. Cuando el conocimiento experiencial de Dios ha transformado tu vida, tu vida producirá resultados diferentes en conformidad con tu estado y disposición. Cuando conocer a Dios te ha fortalecido, serás capacitado para hacer proezas y lograr cosas notables. Cuando vives en conformidad con la personalidad de Cristo Jesús, dominas muchas cosas, teniendo acceso al Reino de Dios y a la vida eterna.

La palabra griega traducida como prosperar, *Euodoo*, significa:

1. Conceder un viaje próspero y expedito, guiar por un camino directo y fácil.
2. Conceder un resultado exitoso, causar que prospere.
3. Prosperar, tener éxito.

Se deriva etimológicamente de las dos palabras raíz *eu*, que se interpreta como "bueno o bien – recto y justo", y *hodos*, que también se interpreta como "un viaje en un camino particular". La palabra "particular" especifica un camino definido, indicativo de la búsqueda de un destino. También sugiere que no es solo un caminar casual sin dirección, sino un viaje en un camino claro dirigido por Dios. Esta es una afirmación directa de la posición del salmista en relación con el pastoreo y la guía del Señor:

1. El Señor guía junto a aguas tranquilas.
2. Y también guía en el camino de la justicia.

Claramente, la Escritura implica que, cuando nuestro corazón se entrega a Dios y nuestra mente se enfoca en Él, dirige nuestros patrones de pensamiento. La fructificación de nuestra mente nos permite elegir y tomar decisiones que dirigen nuestras acciones y obras para que sean significativas y, por lo tanto, resulten en cosas buenas, hermosas, poderosas y grandiosas. Esta prosperidad es un caminar con Dios, donde Él sostiene tus manos y va delante de ti, enfrentándose a todo mal y asegurándose de que cosas agradables lleguen a ti.

La verdad es que tu prosperidad en lo natural es proporcional a la prosperidad de tu alma. Todo cambio interno y transformación que ocurre en la vida de una persona impacta directamente cualquier cosa que suceda alrededor de esa persona. En esta última parte de este libro, estamos observando los valores externos que un hombre gana en comparación con los beneficios obtenidos cuando realmente llega a conocer a Dios.

DA VIDA ETERNA

"Ahora bien, esta es la vida eterna: que te conozcan a ti, el único Dios verdadero, y a Jesucristo a quien has enviado".

— JUAN 17:3

Lo máximo y más importante de la vida es la eternidad. La vida en la tierra es solo transitoria y ofrece al hombre la oportunidad de moldear y determinar dónde y cómo será su eternidad. No hay nada comparable a tu salvación y obtener la vida eterna, que viene al conocer al único Dios verdadero y a Jesucristo de Nazaret, Su único Hijo, a quien envió para redimir y restaurar al hombre en una relación con Él.

La definición del Señor para la vida eterna es una verdad simple y sin ambigüedades: "La vida eterna es conocer al Dios verdadero y a Su Hijo Jesucristo". La realidad es que solo hay un Dios verdadero, lo cual se demuestra en todos los sentidos por la creación misma.

El diablo, que ha hecho enemistad con Dios y es un gran enemigo de la humanidad, también cree esta verdad: "Tú crees que Dios es uno, haces bien. El diablo también cree y tiembla" (Santiago 2:19). El diablo, el enemigo y principal oponente del hombre, sabe que solo hay un Dios – esta es una verdad innegable. No hay muchos dioses; todas las demás cosas que se llaman a sí mismas dioses son miniaturas e imitaciones, pero no poseen los atributos que hacen único a Dios. Llevando el conocimiento de Dios al siguiente nivel, discutiremos en más detalle los atributos divinos que hacen único a Dios, sin dejar lugar para que un hombre preocupe su mente intentando comparar cualquier cosa con Él.

"Porque hay un solo Dios y un solo mediador que puede reconciliar a Dios y a la humanidad: el hombre Cristo Jesús, quien se dio a sí mismo como rescate por todos – el testimonio que se dio en el momento justo".

— 1 TIMOTEO 2:5-6

Solo una persona califica para ser mediador entre Dios y el hombre, quien es un puente por el cual los hombres pueden llegar a Dios. Él es quien devoró el abismo de separación (pecado) y dio al hombre la oportunidad de conectar con su Creador. Es el único digno de abrir el rollo de la vida, ya que se dio a sí mismo como rescate al morir para pagar en su totalidad la deuda del hombre con el pecado y el diablo, y para redimir al hombre del estado de separación de Dios, restaurando así la relación entre el hombre y su Creador. Para que un hombre tenga vida eterna, debe conocer a Dios y reconocer y aceptar a Jesucristo y Su obra consumada en la cruz del Calvario.

"...quien desea que todos los hombres sean salvos y lleguen al conocimiento de la verdad".

— 1 TIMOTEO 2:4

Lo que nos enseña la Escritura es que, para cuando una persona es salvada, debe haber llegado al conocimiento de la verdad, que es Dios, porque solo Dios es verdad. Conocer a Dios, por lo tanto, es lo más importante que le puede pasar a un hombre. La Biblia dice: "¿De qué le sirve a un hombre ganar el mundo y perder su propia alma?" (Marcos 8:36). No perder tu alma, o la búsqueda de la salvación de tu alma, se logra al conocer a Dios. No hay nada que la vida te pueda ofrecer que sea mejor que la oportunidad de pasar la eternidad con Dios, y no debes cambiar eso por nada. Conocer a Dios te salva de las cadenas del infierno y de las garras del maligno – Satanás, Lucifer, el enemigo de Dios y de la creación de Dios – y te da vida eterna. Busca conocer a Dios y que eso sea tu pasión.

IDEA PRINCIPAL (RESUMEN)

La vida en la Tierra es una fase temporal que permite a los individuos definir su destino eterno. El aspecto más importante de la vida es alcanzar la vida eterna y la salvación, que se obtiene al conocer y aceptar a Dios y a Su Hijo, Jesucristo. Para ser salvo, uno debe llegar a conocer la verdad, ya que Dios es la verdad última. Este entendimiento es crucial para establecer una relación restaurada con Dios.

ORACIÓN

Que Dios te revele la verdad acerca de tu vida y tu eternidad. Que encuentres la verdad que es capaz de salvarte y darte vida eterna.

SANO JUICIO Y OBRAS EXCELENTES

Una de las razones de importancia crítica para conocer a Dios es que este conocimiento produce en ti la capacidad de tener un juicio sano: la habilidad de discernir lo que es mejor y distinguir lo correcto de lo incorrecto.

"Y esto pido en oración, que vuestro amor abunde aún más y más en conocimiento y en todo juicio; a fin de que aprobéis las cosas que son excelentes; que seáis sinceros y sin ofensa hasta el día de Cristo" (Filipenses 1:9).

DECISIONES CORRECTAS

El conocimiento de Dios y Su voluntad te guía hacia tomar buenas decisiones y, por ende, comprometerte con obras piadosas. La capacidad de tomar decisiones buenas y correctas en esta vida es clave para dominar la vida. La vida está llena de decisiones, y somos productos de esas decisiones. Ya sea a través de un proceso consciente o subconsciente, conocer a

Dios puede tener una influencia fuerte y positiva en tus elecciones. El efecto de esto es que te mantienes sin culpa y sin ofensa para el día del Señor.

El conocimiento que da juicio sano proviene de conocer a Dios, conocer Su voluntad para tu vida en todo momento, lo cual es esencial para tomar decisiones que sean buenas y piadosas.

VIDA A PRUEBA DE ERROR

Conocer a Dios te protege y te escuda de los caminos de error, los cuales llevan a la destrucción. Te ayuda a desarrollar la capacidad de aprobar las cosas que son excelentes, es decir, la habilidad de tomar decisiones correctas en la vida. Este es un ingrediente vital para vivir con éxito, llevando una vida que impacta la tierra y que, al mismo tiempo, acumula tesoros en el cielo. No alcanzamos la perfección en este cuerpo mortal, pero la verdad es que cuanto más cerca estás de Dios, más te alejas del error.El conocimiento de Dios y Su voluntad proporciona libertad de la falsedad y el engaño. Te ayuda a desarrollar una mente que filtra la información recibida a través de tus sentidos, comprometiéndose solo con lo necesario.

"Por esta razón, desde el día que lo supimos, no hemos dejado de orar por vosotros y pedir a Dios que os llene del conocimiento de Su voluntad en toda sabiduría espiritual y entendimiento".

— COLOSENSES 1:9

SISTEMA CORRECTO Y APRECIADO DE VALORES

Tu juicio de las cosas determina tus valores y a qué te dedicas, lo cual influye directamente en tus acciones. Tus valores están formados por tus creencias, y el conocimiento de Dios revoluciona tu sistema de creencias. Una creencia correcta se traduce en una vida correcta. Para construir un sistema de creencias y valores sólidos, necesitas tener buen juicio y juicio sano.

UNA VIDA BIEN PRIORIZADA

Tus juicios determinan la priorización y colocación de tus valores fundamentales: las cosas que consideras importantes y el nivel de importancia que les atribuyes. Uno de los mayores obstáculos en la vida, que afecta la eficiencia y el nivel de logros de una persona, es la mala ubicación de prioridades. Este problema, que surge de una colocación incorrecta de valores fundamentales, solo se resuelve teniendo un juicio acertado, lo cual se alcanza conociendo a Dios. La correcta priorización ayuda a enfrentar el problema del desperdicio. Los recursos en la vida son limitados y, por lo tanto, deben asignarse de manera adecuada. Es importante dedicar tiempo y otros recursos a las cosas que realmente importan y que contribuyen a la eficiencia.

La priorización te permite ordenar correctamente los asuntos, las personas y las actividades en tu vida según su importancia y urgencia. Todo lo que te concierne a ti y a tu entorno se organiza: los temas primarios reciben la atención necesaria y los temas secundarios encuentran su lugar. Esto te ayuda a vivir una vida bien enfocada, evitando el desperdicio de recursos escasos.

"(...) conoces Su voluntad y apruebas lo que es superior porque eres instruido por la Ley".

— ROMANOS 2:18

Cuanto más conoces a Dios, más rápida y precisa se vuelve tu percepción, y mayor es tu capacidad para discernir qué cosas son más relevantes e importantes. Esto significa que, además de reducir el riesgo de cometer errores, también puedes asignar el valor adecuado a los asuntos de tu vida. De este modo, puedes enfocarte en lo que realmente importa.

CRECIMIENTO EN EL DISCERNIMIENTO

Discernimiento es la capacidad de juzgar bien, de decidir entre el bien y el mal, la verdad y el error.

"Hay camino que al hombre le parece derecho; pero su fin son caminos de muerte".

— PROVERBIOS 14:12

La dependencia exclusiva en los instintos naturales y percepciones sensoriales para tomar decisiones no garantiza las mejores elecciones. Proverbios 14:12 nos recuerda que la seguridad y la protección no están garantizadas cuando las decisiones dependen solo de parámetros naturales. Aunque algo pueda parecer correcto a los ojos de un hombre, aún puede ser una trampa mortal. No vives tu vida ni tomas decisiones solo en función de tu capacidad de razonamiento, sino también a partir de convicciones divinas y de los impulsos del Espíritu Santo que habita en tu corazón.

El discernimiento introduce el parámetro del espíritu en la toma de decisiones. Aporta una dimensión espiritual al proceso analítico de la mente, permitiendo así decidir desde una mejor posición al invocar a Dios en la ecuación. Mediante el discernimiento, dependemos de Dios a través del Espíritu Santo en la toma de decisiones.

"No os conforméis a este mundo, sino transformaos por medio de la renovación de vuestro entendimiento, para que comprobéis cuál sea la voluntad de Dios, lo bueno, agradable y perfecto"

— ROMANOS 12:2